Inhaltsverzeichnis

Vorwort

Liebe Kolleginnen und Kollegen,

die wachsende Begeisterung für Halloween zeigt: Kinder sind fasziniert von mythischen Wesen – ob Zauberer, Vampir oder Geist. Um Geister geht es auch in meinem Buch „GHOSTKIDS – Spuk in London“.
Die drei Schüler Hazy McMazy, Tacitus Twiggs und Foggy Bog besuchen die renommierte Geisterakademie in Cambridge und erfahren zu Beginn der Herbstferien, dass sie zu Ghostkids ausgebildet werden. Ihre erste Mission führt sie ins London der Menschenwelt. Dort sollen sie eine Halloweenparty kräftig durcheinanderwirbeln, die Michael Doodle mit seinen Freunden in einem Häuschen an der Themse feiert. Fast scheint es auch so, als wäre ihre Mission erfolgreich, doch dann passiert ein Unglück nach dem anderen. Und plötzlich heißt es, mit den Menschen zusammenzuarbeiten und einen aufregenden Kriminalfall zu lösen.

Mit diesem Begleitmaterial können Sie die drei Geister in Ihr Klassenzimmer holen und gemeinsam mit Ihren Schülerinnen und Schülern auf Verbrecherjagd gehen.
Das Heft ist in drei Teile gegliedert. Zunächst wird in einem lesebegleitenden Teil der Lesefortschritt der Kinder überprüft, indem der Inhalt der einzelnen Kapitel gesichert wird. Im Anschluss lösen die Schülerinnen und Schüler vielfältige Aufgaben aus dem Lernbereich Deutsch, die alle vier Kompetenzbereiche ansprechen. Zuletzt steht Ihnen ein umfassender Teil mit Arbeitsanweisungen auf Englisch rund um wichtige Themengebiete des Englischunterrichts zur Verfügung. Dabei erweitern die Schülerinnen und Schüler unter anderem ihren Wortschatz zum Thema Halloween oder stellen einen Ticketkauf und einen Besuch im Restaurant nach.
Sowohl im Deutsch- als auch im Englischteil sind die Aufgaben an die Handlung des Buches angelehnt und greifen prägnante Aspekte auf. Ebenso tauchen die Figuren aus dem Buch immer wieder auf.

Warten Sie nicht bis zur Geisterstunde, sondern lassen Sie Hazy, Tacitus und Foggy jetzt gleich in Ihrem Klassenzimmer spuken. Ich wünsche Ihnen viel Spaß dabei!

Ihr Stefan Schwinn

Vorbemerkungen

Tipp für Seite 13:
Bei den Aufgaben 3 und 4 bietet sich die Methode „think – pair – share“ an. Dabei machen sich die Schülerinnen und Schüler zunächst alleine Gedanken zu der Fragestellung (think), danach tauschen sie sich mit einem Partner aus (pair) und zuletzt findet ein Austausch im Klassenverband statt (share).

Tipp für Seite 36:
Mudchute Farm besitzt einen schönen Internetauftritt, auf dem die Schülerinnen und Schüler rasch viele Eindrücke zum Beispiel zu Farm Animals, Stables, Opening Times etc. gewinnen können. Der mit der Seite *www.mudchute.org* verlinkte Blog liefert sehr viel Bildmaterial.

Anmerkung für Seite 47:
Aufgabe 2 gibt es in zwei Schwierigkeitsgraden, gekennzeichnet durch die Sterne (★ /★ ★). Bei der leichteren Aufgabe müssen Wörter weggestrichen, bei der schwierigeren ganze Sätze auf Englisch geschrieben werden.

Mein Lese-Begleit-Heft zu:

Ghost-Kids

Spuk in London

von Stefan Schwinn

Name: ____________________________________

Klasse: ___________________________________

Lesetagebuch

Erklärungen zum Lesetagebuch

Ein Lesetagebuch beinhaltet eine übersichtliche Tabelle, in der die Schülerinnen und Schüler sich Notizen machen können, während Sie das Buch „GHOSTKIDS – Spuk in London“ lesen – am besten nach jedem Kapitel bzw. Sinnabschnitt. Es werden sowohl die Rahmenbedingungen wie Ort, Zeit, Inhalt eines Kapitels und Charaktere festgehalten als auch erste Ansätze für eine Textinterpretation vorgenommen.

Das Lesetagebuch kann später dabei helfen, bestimmte Situationen schneller einzuordnen und besser für eine mögliche Klassenarbeit zu lernen.

Ein Muster für ein Lesetagebuch finden Sie unten. Natürlich können Sie die Spalten auch ganz anders aufbauen. Das Muster sollte von jedem Schüler ins Heft oder auf ein kariertes Blatt übertragen werden.

Muster Lesetagebuch

Lesetagebuch zum Buch „GHOSTKIDS“

Seite	Ort und Zeit	Kurze Beschreibung der Handlung	Personen-Charakterisierung	Besonderheiten	Eigene Gedanken, Beobachtungen, Ideen, Fragen

Zeilenmesser

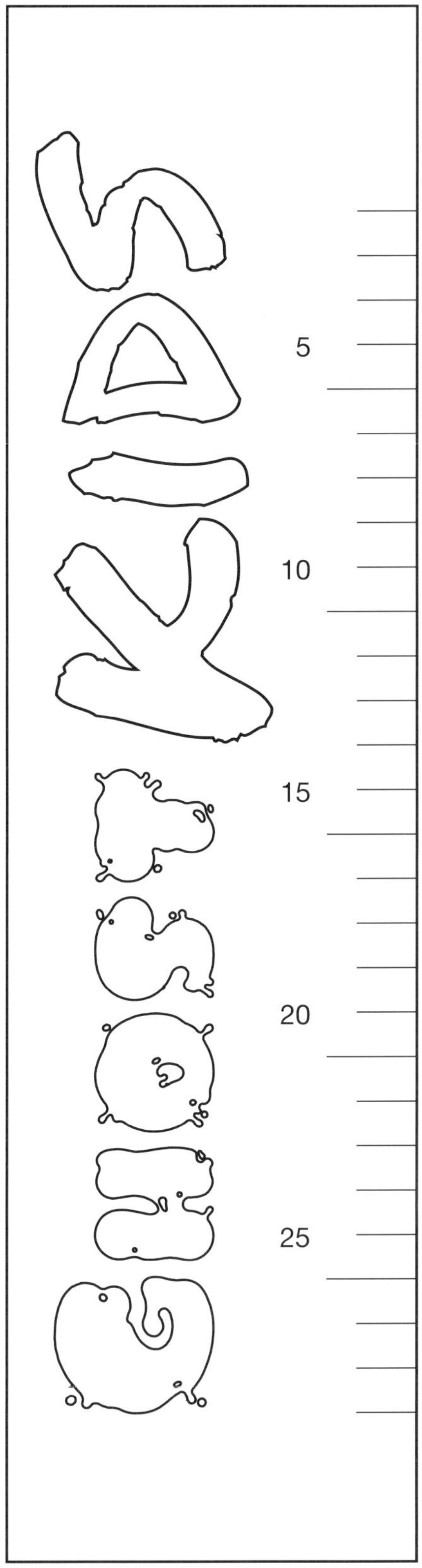

BVK LP158 • Stefan Schwinn: Begleitmaterial zu „GHOSTKIDS – Spuk in London“

Name: ______________________ Datum: ____________

Vor der Lektüre – erste Gedanken zu Titel und Titelbild

1. a) Lies den Titel des Buches.
   Er lautet:

   ____

   ____

   b) Was fällt dir ein, wenn du an Geister denkst? Mache dir Notizen.

   Ideen
   Wie sieht ein Geist aus?
   Wo und wie leben Geister?
   Wie spuken Geister?

   ____

   ____

   ____

   ____

   ____

   c) Was verbindest du mit London?

   ____

   ____

   ____

   ____

   ____

2. Schaue dir nun das Titelbild genauer an.
   a) Beschreibe, was du darauf siehst.
   b) Worum könnte es in der Geschichte gehen?
   Sammelt eure Ideen in der Klasse.

Name: ______________________________ Datum: _______________

Lies Kapitel 1 und 2.

Eine faustdicke Überraschung / Ärger in Greenwich (1)

1. Wer ist wer? Male den Namen und die passende Information in der gleichen Farbe aus.

- Hazy McMazy
- Professor Sophisticus Wise
- ist der Direktor der Geisterakademie.
- Tacitus Twiggs
- Foggy Bog
- Professorin Insomnia Flask
- ist ein Hausgeist.
- ist Lehrerin für Flaschengeisterei und Transportzauber.
- ist ein Poltergeist.
- ist ein Sumpfgeist.

2. a) Richtig oder falsch? Kreuze an.

	✓	✗
Foggy, Tacitus und Hazy erfahren am letzten Schultag vor den Herbstferien, dass sie Ghostkids werden sollen.		
Foggy wollte eigentlich auf eine große Schottland-Sumpftour mit seinem Bruder gehen.		
Die Geisterakademie liegt direkt an einem großen See.		
Der Direktor führt die drei Geisterschüler in einen Teil des Gebäudes, den sie zuvor nicht betreten durften.		
Professor Flask sitzt auf einem riesigen grünen Plüschsofa.		
Als Erstes müssen die drei Geisterschüler einen Transporterführerschein machen.		
Hazy glaubt, dass sie nach London auf eine Party eingeladen wurde.		
Auf Michaels Halloween-Party findet ein Kürbiswettessen statt.		

BVK LP158 • Stefan Schwinn: Begleitmaterial zu „GHOSTKIDS – Spuk in London"

Name: ________________________________ Datum: ______________

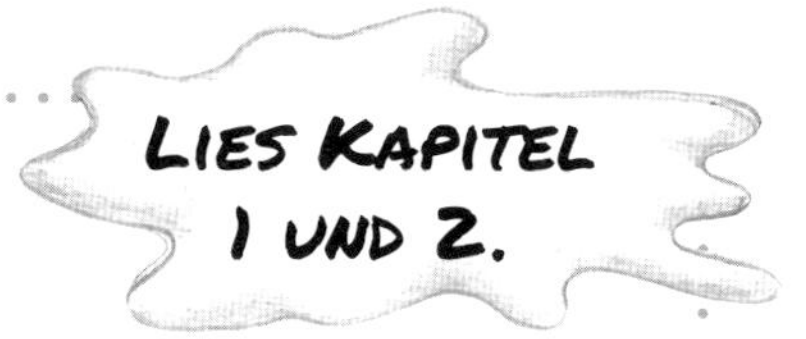

Eine faustdicke Überraschung / Ärger in Greenwich (2)

b) In jeder Aussage stimmt etwas nicht. Streiche das falsche Wort durch und schreibe das richtige darüber.

- Die Akademie liegt in einem großen

  Wald am River Cam.

- Die Geisterschüler sollen auf einem

  blauen Plüschsofa Platz nehmen.

- Es findet eine Geburtstags-Geisterparty

  mit Polterwettbewerb statt.

3. Ein Unterrichtsfach ist Flaschengeisterei und Transportzauber.
   Hast du eine Idee, was man darin lernt?
   Schreibe es auf. Vergleiche mit einem Partner.

____

____

____

4. Professorin Flask beschreibt Tacitus, Hazy und Foggy als gutes Team.
   Warum? Schreibe ihre Begründung auf.

5. Welches Problem hat Michael Doodle? Markiere farbig.

   - Sein Hausaufgabenheft ist aus seinem Rucksack gerutscht.
   - Bis auf Sams sind alle Geburtstagseinladungen verschwunden.
   - Er muss in Erdkunde fürs Quatschen eine Zusatzaufgabe machen.

Name: ______________________________ Datum: ______________

LIES KAPITEL 3 UND 4.

Viele Transporter und ein Besucher / Erste Tests und Goldene Regeln (1)

1. Findest du es richtig, dass Hazy mit ins Jungenzimmer einziehen darf? Diskutiere mit einem Partner darüber.

2. Was sind die Goldenen Geisterregeln? Schreibe sie auf.

3. Der erste Test in einem Transporter steht an. Wer sagt was? Ordne die Figuren den Sätzen zu. Notiere die Seitenzahlen.

	Hazy	**Foggy**	**Tacitus**	**Prof. Flask**	**Seite**
„Sie sieht aus wie eine indische Vogelscheuche.“					
„Wir Geister können doch problemlos ein wenig schrumpfen.“					
„Das war ja schlimmer als jedes Karussell! Furchtbar!“					
„Du musst mich mal bei Sturm zu Hause in meinem Sumpf besuchen. Da brodelt und schaukelt es genauso wie in der Flasche im Fluss.“					
„Nach eurem erfolgreichen Test im Simulator werdet ihr nun das erste Mal wirklich mit einem Transporter den Ort wechseln.“					
„Werden wir es auch so einfach schaffen, in die Menschenwelt zu gelangen?					

aus: Stefan Schwinn, Ghostkids – Spuk in London, © BVK Buch Verlag Kempen 2018, S. 26 – 32

BVK LP158 • Stefan Schwinn: Begleitmaterial zu „GHOSTKIDS – Spuk in London“

Name: ______________________ Datum: ______________

LIES KAPITEL 3 UND 4.

Viele Transporter und ein Besucher / Erste Tests und Goldene Regeln (2)

4. Hast du gut aufgepasst? Beantworte die Fragen.
   - Wieso meidet Insomnia Flask die pralle Sonne?

     ____

   - Was hängt an den Wänden in Professorin Flasks Büro?

     ____

   - Nenne Dinge, mit denen man von der Geister- in die Menschenwelt reisen kann:

     ____

   - Worüber streiten sich Foggy und Hazy?

     ____

   - Wer überrascht Tacitus, Foggy und Hazy im Jungentrakt? ______________

Zusatzaufgaben:

1. Am Abend ist Billy immer noch stinksauer, dass er nicht gemeinsam mit Tacitus und Foggy zum Ghostkid ausgebildet werden soll.
   Er schreibt seine Gedanken auf. Verfasse seinen Tagebucheintrag.

   Ist das alles ungerecht! ...

2. Was für ein aufregender Tag! Zum ersten Mal üben die drei Geisterschüler, in einer Flasche zu reisen. Und später wechseln sie sogar in einem Transporter den Ort. Nicht alles klappt auf Anhieb, aber es gibt viel zu erzählen!
   Alle drei schreiben abends einen Brief nach Hause. Entscheide, ob du Hazy, Foggy oder Tacitus sein möchtest, und verfasse einen Brief an die Eltern.

   Erzähle ihnen von:
   - deiner ersten Fahrt zur Wassermühle
   - der Reise in deinem Transporter
   - deinen Gefühlen und Gedanken

Name: ______________________ Datum: ______________

LIES KAPITEL 5 BIS 7.

Ein kleines Geisterhaus / Letzte Vorbereitungen / Die Party beginnt, auf nach Greenwich (1)

1. Grandpas Häuschen an der Themse wird gerade in ein kleines Geisterhaus verwandelt. Auch der Text unten wurde von Geistern heimgesucht. Kannst du den Text lesen? Schreibe die verdeckten Wörter auf die Geister.

Grandpas  am Themseufer hatte sich in ein herrliches kleines Geisterhaus verwandelt, fand  . Zufrieden blickte er auf die Kürbis- und Gespenstergirlanden, die er mit seiner  an der Wohnzimmerdecke befestigt hatte. Und da hier nur noch selten  wurde, hingen in den Ecken fette  . Klasse! Michael pustete bunte Luftballons auf, auf denen  , Fledermäuse und Kürbisgrimassen prangten, und verteilte sie im Raum. „Mum, kannst du bitte den  anzünden?“, fragte er. Seine Mutter kam herbei und sagte: „Kein Problem. Hilf du bitte deiner  in der Küche bei den Vorbereitungen. Bald kommen schon deine Gäste.“

© Ebd., S. 34

2. Wie gefallen dir die Vorbereitungen für die Party? Hättest du Lust mitzufeiern? Sprich mit einem Partner darüber.

3. Du erfährst einiges über die Mission der Ghostkids. Beantworte die Fragen.
   a) Wie lautet die Adresse von Michaels Familie?
   b) Wie heißt Michaels Schwester?
   c) Ab wie viel Uhr sollen die Ghostkids Michaels Feier stören?
   d) Was ist die wichtigste Regel für das Reisen mit Transportern?

BVK LP158 • Stefan Schwinn: Begleitmaterial zu „GHOSTKIDS – Spuk in London“

Name: ____________________ Datum: ____________

LIES KAPITEL 5 BIS 7.

Ein kleines Geisterhaus / Letzte Vorbereitungen / Die Party beginnt, auf nach Greenwich (2)

4. Wer trägt welches Kostüm? Schreibe die Namen dahinter.

Hexe = ____________________

Wandelnder Kürbis = ____________________

Graf Dracula = ____________________

Skelett = ____________________

Gespenst = ____________________

Geisterpirat = ____________________

Magier = ____________________

5. Was bekommt Michael zum Geburtstag geschenkt? Kreise ein.

Bücher mit Kinderkrimis   DVDs   CDs

Lieblings-Lego®-Figuren   Bauklötze   Spielzeugauto

Dinosaurier-Puzzle   Muffins   Torte

6. Wie fühlt sich die Reise im Transporter für die Geisterschüler an?

____

____

____

Zusatzaufgabe:
Michaels Mutter ist nun schon länger weg als erwartet. Was könnte passiert sein? Schreibe eine kurze Szene darüber, was Mrs. Doodle gerade erlebt, als die Gäste eintreffen.

Name: ______________________________ Datum: ______________

LIES KAPITEL 8 UND 9.

Tohuwabohu im Wohnzimmer / Gefährliche Würstchen (1)

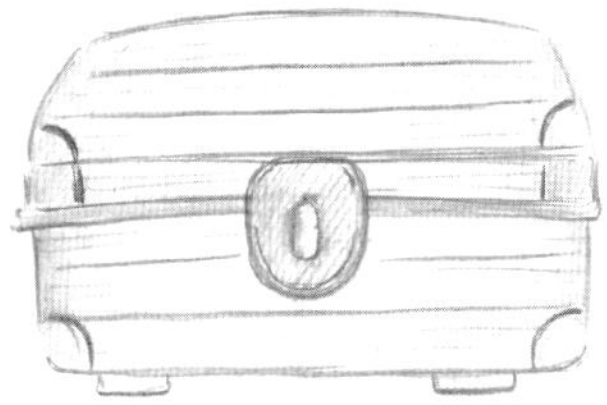

1. Die drei Geister reisen in der Truhe auf den Dachboden.
   Zeichne Trennstriche zwischen die einzelnen Wörter.
   Schreibe die Sätze dann richtig auf die Linien.
   Achte auf die Groß- und Kleinschreibung und die Satzzeichen.

ACHTUNG: In jeden Schlangensatz haben sich ein oder zwei zusätzliche Buchstaben eingeschlichen. Kreise sie ein. Wenn du diese Buchstaben in die richtige Reihenfolge bringst, erhältst du ein Lösungswort.

DIEDREIGEISTERSTEMMTENSICYHVONINNENGEGENDENDECKELUNDDRÜCKTENIHNZHOCH

____

____

GLÜCKLICHHERWEISEWARDIETRUHENICHTVERSCHLOSSEN

____

SIESCHLÜPFTENAUSDEMTRANSPORATERUNDRECKTENIHREGLIEDER

____

____

© Ebd., S. 44

Lösungswort: ____ ____ ____ ____

BVK LP158 • Stefan Schwinn: Begleitmaterial zu „GHOSTKIDS – Spuk in London“

Name: ______________________ Datum: ____________

Tohuwabohu im Wohnzimmer / Gefährliche Würstchen (2)

2. Ist das alles wirklich so passiert? Kreuze an.

	ja	nein
Michael legt für die Modenschau eine CD ein und zieht mit Luftschlangen zwei Linien im Raum.		
Als Christopher als Geisterpirat über den Laufsteg schlendert und es knallt, zucken die Kinder ängstlich zusammen.		
Hazy springt als leuchtender Kugelblitz wie ein Flummi krachend kreuz und quer durch den Raum.		
Sam stellt sich bei der „Reise nach Jerusalem" sehr ungeschickt an und plumpst neben einem Stuhl auf den Boden.		
Dave schenkt sich Schorle ein. Am Boden des Glases ist ein Klecks Senf.		
Als es im Wohnzimmer erneut kracht, heult und pfeift, stürmen alle Kinder bis auf Michael und Richard entsetzt in den Garten.		

3. a) Wie verhalten sich die Kinder während des Spuks?
Welche der Adjektive passen zu den Kindern? Schreibe drei Sätze.

ängstlich – fröhlich – ärgerlich – mutig – neugierig – leichtsinnig – besorgt

Beispiel: *Phil ist besorgt, als Hazy wie ein Kugelblitz durch den Raum poltert.*

b) Stelle dir vor, du wärst auch auf Michaels Party. Wie hättest du dich während des Spuks gefühlt? Wärst du am Schluss noch bei Sam und Michael im Haus geblieben oder lieber mit den anderen in den Garten gelaufen? Schreibe deine Entscheidung auf und begründe sie.

4. Als Foggy aus Versehen gegen die Goldenen Regeln verstoßen hat, schnappt sich Tacitus auch etwas vom Büfett. Kurz darauf isst auch Hazy etwas, das die Menschen zubereitet haben. Wie findest du Hazys und Tacitus' Entscheidung? Besprich dich mit einem Partner. Sucht euch anschließend ein weiteres Schülerpaar und tauscht eure Meinungen aus.

Name: ______________________________ Datum: ______________

Eine böse Überraschung / Seltsame Besucher (1)

1. Aufregende Dinge geschehen im zehnten Kapitel. Nummeriere die Sätze. Schreibe sie dann in der richtigen Reihenfolge in dein Heft.

- [ ] Phils Dad erkundigt sich nach Michaels Eltern.
- [ ] Insomnia Flask fällt in eine kurze Ohnmacht.
- [1] Richard friert, denn seine Kürbismaske schützt seinen Kopf nicht vor Kälte.
- [ ] Die Truhe ist verschwunden.
- [ ] Alle Gäste, bis auf Sam, verlassen die Party.
- [ ] Sue entdeckt, dass die Tür zum Dachboden offen ist.
- [ ] Tacitus bemerkt, dass das Schloss der Außentür aufgebrochen wurde.
- [ ] Die Geister flüchten zurück auf den Dachboden.
- [ ] Michael glaubt, jemanden hinter dem Küchenfenster zu sehen.

2. Wieso ist es für die Geister so furchtbar, dass die Truhe verschwunden ist?

____

____

____

____

____

____

____

____

BVK LP158 • Stefan Schwinn: Begleitmaterial zu „GHOSTKIDS – Spuk in London"

Name: ______________________ Datum: ______________

LIES KAPITEL 10 UND 11.

Eine böse Überraschung / Seltsame Besucher (2)

3. Was passiert in Kapitel 11? Verbinde die Satzhälften.

Als die Kinder in der Küche abspülen,	Landstreicher oder Einbrecher.
Sue hält die Geister für	dass es eine Geisterakademie in Cambridge gibt.
Tacitus, Hazy und Foggy stellen sich vor	um nach Spuren zu suchen.
Die Geister versprechen,	später bei Michael und Sue in der Cherry Tree Lane vorbeizukommen.
Foggy erklärt den Kindern,	tauchen die Geister bei ihnen auf.
Alle rasen auf den Dachboden,	und erklären, dass sie von der Geisterakademie aus Cambridge kommen.
Sam glaubt nicht,	Grandpas Erinnerungen an seine Afrikareisen.
In der Truhe befanden sich	dass die Geister ihnen nun dienen müssen.

4. Als Foggy den Kindern erzählt, dass die Geister ihnen nun dienen müssen, jubelt Michael: „Dienen! Wow! Das ist das großartigste Geburtstagsgeschenk überhaupt! Wie der Geist in Aladins Wunderlampe? Fantastisch!“ (© Ebd., S. 62)
   a) Stelle dir vor, du hättest solch einen Hausgeist. Welche Aufgaben müsste er für dich erledigen? Schreibe eine To-do-Liste.

   b) Wie wäre dein Leben, wenn ein Geist alle Arbeiten für dich erledigen müsste? Hättest du Lust, solch einen Diener zu haben? Besprich dich mit einem Partner.

5. In den beiden Kapiteln erfährst du schon ein paar Dinge über die Geister und den Unterschied zwischen Geister- und Menschenwelt. Schreibe sie auf ein Blatt. Ergänze es später mit den Informationen aus den anderen Kapiteln.

Name: ______________________ Datum: ______________

LIES KAPITEL 12 UND 13.

Spannende Neuigkeiten / Es muss etwas geschehen! (1)

1. Hast du gut aufgepasst?
   a) In Kapitel 12 reden die Geister und die Kinder viel darüber, was sich die Menschen alles über Geister erzählen. Suche die Textstellen und notiere die Seitenzahlen.

Geister meiden das Sonnenlicht.	
Die Geisterstunde beginnt erst um Mitternacht.	
Geister waren meist schlechte Menschen und wurden umgebracht. Einige haben keinen Kopf.	
Die Geister finden, dass die Kinder eher von Gespenstern als von Geistern reden.	
Allerdings stimmt es, dass einige Geister in Flaschen oder Lampen hocken.	

   b) Findet euch in einer kleinen Gruppe zusammen. Welche Geistergeschichten kennt ihr? Könnt ihr Tacitus, Hazy und Foggy etwas erzählen, was sie noch nicht über unsere Geistererzählungen wissen? Schreibt alles auf und stellt es anschließend in der Klasse vor.

2. a) Hast du schon einmal von Sherlock Holmes gehört? Weißt du etwas über ihn? Mache dir Notizen.
   b) Kennst du noch andere berühmte Detektive? Schreibe ihre Namen auf. Sammelt eure Ergebnisse in der Klasse.

3. Was erfährst du alles über die Cutty Sark?

____

____

____

____

____

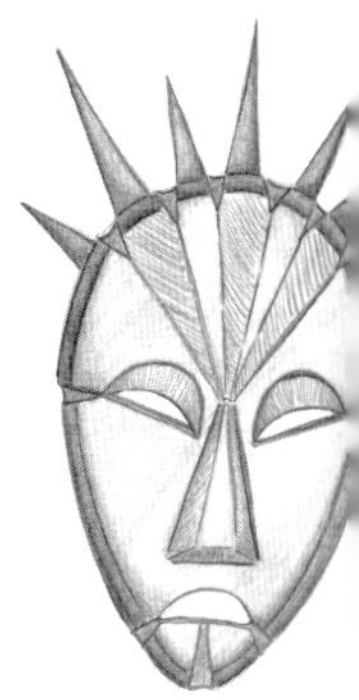

BVK LP158 • Stefan Schwinn: Begleitmaterial zu „GHOSTKIDS – Spuk in London“

Name: ____________________ Datum: ____________

LIES KAPITEL 12 UND 13.

Spannende Neuigkeiten / Es muss etwas geschehen! (2)

4. In Cambridge herrscht wilde Aufregung. Die Professoren sprechen über die misslungene Mission. Streiche die falschen Wörter und Teilsätze durch.

Sophisticus Wise knallt seine Fäuste auf den Tisch / tritt wütend gegen den Tisch.

Sophisticus Wise, Insomnia Flask, Roger Ghastly, Swivelly Antisepticus und Aetherius Swindle überlegen, was nun zu tun ist.

Swivelly Antisepticus findet, die Geisterkinder sollten zur Strafe die ganze Akademie putzen / einen Kuchen backen.

Ein weiterer Geisterschüler soll nach Greenwich geschickt werden. Er soll einen Transporter benutzen, der sonst nur Professoren / Mitgliedern des Ghostkids- Einsatzteams zur Verfügung steht.

Es gibt noch ein Problem: In der Akademie ist das Dach undicht. / In der Akademie hält sich ein Unbekannter auf.

5. Wie heißt der Geisterschüler, der die Mission retten soll? ____________________

Zusatzaufgabe:
All diese Wörter findest du in Kapitel 13. Übertrage die Tabelle in dein Heft und ordne die Nomen, Verben und Adjektive richtig ein.

fassungslos – putzen – beobachten – sauber – Unfug – Mission – übergeben – schlecht – huschen – wiederbeschaffen – Lächeln – Katastrophe – töricht – betrachten – Gespräch – milde – geeignet – Nachrichten – stolz – versammeln – Schreibtisch

Nomen	Verben	Adjektive

Name: ______________________ Datum: ______________

LIES KAPITEL 14 UND 15.

Noch keine heiße Spur / Eine aufregende Nachrichtensendung (1)

1. Im Text fehlen einige Wörter. Ergänze sie.
   Tipp: Die gespiegelten Wörter im Kasten helfen dir.

Vor dem Haus der Doodles fuhr ein ______________________ vor.
Die Geister setzten sich auf den ______________________ . Sie streckten
sich aus und hielten ein ____________ an den Boden, sodass sie alles
durch die ______________________ mitverfolgen konnten. Inspektor
Boyle wollte den Vorfall noch einmal zu ______________________ nehmen.
Michael schlug Sue vor, eine ______________________ zu machen.
Im Haus an der Themse stießen sie nur auf ein paar ____________________
im Staub. Aber später hatten sie aufregende ______________________ .

Ohr – Radtour – Holzdecke – Teppich – Streifenwagen –
Fußspuren – Protokoll – Pläne

2. Was befand sich **nicht** in der Truhe?
   a) Streiche durch.

Postkarten | Bücher | Fotos | Münzen | Talismane | Muscheln | geschnitzte Maske | Briefe | persönliche Aufzeichnungen

   b) Was war laut Michael neben den Afrika-Andenken darin?

____

____

BVK LP158 • Stefan Schwinn: Begleitmaterial zu „GHOSTKIDS – Spuk in London"

Name: ______________________________ Datum: ______________

Lies Kapitel 14 und 15.

Noch keine heiße Spur / Eine aufregende Nachrichtensendung (2)

3) Was für ein aufregender Fernsehbericht! Hast du gut aufgepasst? Beantworte die Fragen zum Einbruch ins British Museum.

a) Welches Problem gibt es bei den Überwachungskameras?

____

b) Was erfährst du zur Alarmanlage?

____

c) Wieso überprüft die Polizei das Personal des Museums?

____

d) Was wurde gestohlen?

____

e) Kann man das British Museum direkt nach dem Einbruch besuchen?

____

Zusatzaufgabe:
Das British Museum ist eines der größten und bedeutendsten Museen der Welt. Sammle im Internet Informationen über das Museum. Du kannst auch nach einzelnen Abteilungen und Ausstellungsstücken suchen. Ob du alte Holzmasken findest?

Name: ______________________ Datum: ______________

LIES KAPITEL 16 UND 17.

Drei afrikanische Masken / Chaos in Hamleys Spielzeugwelt (1)

1. Michael besucht mit Tacitus und Foggy seinen Grandpa im Altenheim. Was erfährt er dort über die Masken? Schreibe es auf.

2. Kreuze die richtigen Antworten an.

   Um Hazy aufzumuntern, geht Sue mit ihr in ein …
   - ☐ Spielzeuggeschäft.
   - ☐ Museum.
   - ☐ Modegeschäft.

   Was wird vor dem Spielwarengeschäft verteilt?
   - ☐ Luftballons und Gutscheine
   - ☐ Gutscheine und Prospekte
   - ☐ Popcorn

   Sue und Hazy fahren in die …
   - ☐ Kostümabteilung.
   - ☐ Süßwarenabteilung.
   - ☐ Stofftierabteilung.

   Was schüttelt Roger Ghastly aus den Ärmeln seines Gewandes?
   - ☐ Konfetti
   - ☐ züngelnde Flämmchen
   - ☐ übel riechenden Dampf

   Am Ende des Kapitels wird Sue
   - ☐ von Hazy aus der Situation gerettet.
   - ☐ von der Polizei abgeführt.
   - ☐ von einem Detektiv nach ihrem Namen, ihrer Adresse und Telefonnummer befragt.

BVK LP158 • Stefan Schwinn: Begleitmaterial zu „GHOSTKIDS – Spuk in London“

Name: ______________________ Datum: ____________

LIES KAPITEL 16 UND 17.

Drei afrikanische Masken / Chaos in Hamleys Spielzeugwelt (2)

3. Nicht nur in Hamleys Spielzeugwelt spukt es. Auch bei diesem Text geht es nicht mit rechten Dingen zu. Leider hat sich hier der Fehlerteufel eingeschlichen. Alle Sätze sind kleingeschrieben.
   a) Schreibe den Text richtig ab. Achte auf die Groß- und Kleinschreibung.
   b) Wer ist für den Spuk bei Hamleys verantwortlich? Markiere den Namen farbig.

ein paar meter entfernt tobte plötzlich

jemand herum. durch den lärm zu boden

stürzender regalböden und kippender

kostümständer aufgeschreckt, blickte sich

sue um und rief alamiert: „hazy? hazy hör auf!“

doch hazy befand sich hinter ihrem rücken und hatte nichts mit dem tumult zu tun.

eine verkäuferin eilte mit hochrotem kopf heran und ergriff sue, die die einzige

kundin in dieser ecke des geschäfts war. sue riss sich los und schrie verwirrt nach

dem poltergeist: „hazy! hazy! was ist hier los? hilf mir!“

hazy war längst dem wahren übeltäter entgegengeschossen und fluchte wie ein

rohrspatz: „hör auf, ghastly, du vollidiot! was willst du hier?“

roger ghastly wich ihr aus und fegte einen stapel gespenstermasken von einem tisch.

© Ebd., S. 100 f.

4. Was erfährst du über den Geist Roger Ghastly?

____

____

____

Name: ______________________ Datum: ____________

LIES KAPITEL 18 UND 19.

Neuer Wirbel um einen fliegenden Teppich / Herzliche Grüße aus dem British Museum! (1)

1. Auf welche Weise konnte Roger Ghastly in die Menschenwelt gelangen?

____

2. Swivelly Antisepticus, Insomnia Flask und Aetherius Swindle sprechen sehr unterschiedlich über Roger Ghastly.
a) Ordne die Satzteile richtig zu.

Ich habe immer gewusst,	**1**
Roger hat	**2**
Es ist doch wunderbar,	**3**
Papperlapapp! Er nimmt	**4**
Er gehörte schon im vergangenen Schuljahr zu meinen besten Schülern	**5**

dass Ghastly ein unberechenbarer Hitzkopf und für solche Aufgaben völlig ungeeignet ist!	**a**
dass er diese abscheulichen Halloweenkostüme durcheinandergewirbelt hat.	**b**
und hat nicht umsonst erste Ghostkids-Testaufgaben hervorragend gelöst!	**c**
in der Halloween-Kostümabteilung von Hamleys Spielwarenkaufhaus gewütet.	**d**
die Sache mit Halloween eben ernst, wie es sich für einen ordentlichen Geisterschüler gehört.	**e**

1 _______ **2** _______ **3** _______ **4** _______ **5** _______

b) Wer spricht positiv über Roger? ______________________

3. Welche schreckliche Entdeckung hat Insomnia Flask gemacht?

____

____

BVK LP158 • Stefan Schwinn: Begleitmaterial zu „GHOSTKIDS – Spuk in London“

Name: ______________________ Datum: ____________

LIES KAPITEL 18 UND 19.

Neuer Wirbel um einen fliegenden Teppich / Herzliche Grüße aus dem British Museum! (2)

4. Du hast Mr Miller schon kurz kennengelernt.
   Erinnerst du dich, an welcher Stelle des Buchs das war? Was hat Mr Miller gemacht?
   Ergänze den Satz.

   Das war auf den Seiten: ____________

   Mr Miller hat ____

   ____

   ____

5. In wessen Auftrag handelt Mr Miller? Kreuze an.

   ☐ Er ermittelt undercover für Inspector Boyle.

   ☐ Er arbeitet für Piet van Heynsbergen.

   ☐ Er handelt im Auftrag der Queen.

6. Was glaubst du, wer ist der
   Auftraggeber des Händlers?
   Schreibe deine Vermutungen auf.

   ____

   ____

   ____

7. Wie viel Geld erhält Mr. Miller von Piet van Heynsbergen für seine Dienste?
   Kreise ein.

   £ 1 000 £ 10 000 £ 11 000

Name: ______________________ Datum: ______________

LIES KAPITEL 20 UND 21.

Eine spannende Legende / Noch mehr schlechte Nachrichten

1. Das Boot von Mr Paxton heißt ______________.
2. In Kapitel 20 erfährst du eine Menge über die Masken. Was erzählt Mr Paxton den Kindern? Schreibe es auf.
3. Michael ruft bei der Polizei an, um Inspector Boyle von den neuen Erkenntnissen zu den Masken zu informieren. Wie reagiert die Polizei darauf?

____

____

____

____

4. Was meinst du dazu? Ist es vernünftig, wenn die Kinder die Suche nach Grandpas Truhe aufgeben und alles der Polizei überlassen? Beachte, wie sich die Polizei bisher verhalten hat. Finde Argumente für und gegen die Einmischung der Kinder. Erstelle eine Tabelle wie diese:

dafür	dagegen

   Besprecht eure Ergebnisse in der Klasse.

5. Die Geister und Kinder haben gemerkt, dass ihnen jemand folgt. Sie glauben nicht, dass es Roger Ghastly ist. Hast du eine Idee, wer es sein könnte?

____

____

Zusatzaufgaben:
1. Die Masken sollen magische Kräfte haben. Kennst du weitere Gegenstände, denen man magische Kräfte nachsagt? Um welche Gegenstände handelt es sich dabei und welche Kräfte sollen sie besitzen?
2. Erfinde deinen eigenen magischen Gegenstand. Zeichne ihn in dein Heft und beschreibe kurz, welche tollen Dinge man damit tun kann.

BVK LP158 • Stefan Schwinn: Begleitmaterial zu „GHOSTKIDS – Spuk in London“

Name: ______________________________ Datum: ______________

Lies Kapitel 22 und 23.

Die Verfolgungsjagd beginnt / Foggys großer Moment (1)

1. Trage die Wörter aus dem Kasten in den Lückentext ein.

Michael flunkert seiner Mutter vor, dass er ______________________ hat.

Mit den Geistern geht er zum Kanal nach ______________________ .

Zwei Männer gehen von Mr Paxtons ______________________ herunter. Sie

haben Mr Paxton ________________ und seine ____________ geraubt.

Michael und die Geister nehmen die ____________________ der Diebe auf.

Die Gauner flüchten auf einen ______________________ und fliehen in

einem ________________ .

Plötzlich landet neben den Freunden ein __________________________ .

Geister und Kinder jagen den Dieben hinterher. Es ist nicht einfach, auf

dem Teppich das ______________________ zu halten. Und ein

________________ Wind pfeift ihnen um die Ohren.

VW-Käfer – Gleichgewicht – überfallen – Schrottplatz – eisiger – Hausboot – Verfolgung – Little Venice – fliegender Teppich – Bauchweh – Maske

2. Jetzt weißt du, dass Billy seine Freunde verfolgt hat. Was erzählt er ihnen über die Funktionen des Teppichs?

3. Bildet eine kleine Gruppe. Was sagt ihr dazu, dass Michael seine Mutter anlügt und Bauchweh vorschwindelt? Gibt es Situationen, in denen es in Ordnung ist zu lügen?

Name: ______________________ Datum: ______________

Lies Kapitel 22 und 23.

Die Verfolgungsjagd beginnt / Foggys großer Moment (2)

4. In Kapitel 23 wird es sehr spannend. Kannst du den Text lesen?
Schreibe ihn in dein Heft.

> Sue ist wütend, dass sie nicht mit nach Little Venice konnte.
> Sie macht sich auf den Weg zum Eisladen.
> Ein Mann aus einem VW-Käfer stößt Sue vor einem Antiquitätenladen um und sie stürzt aufs Knie.
> Ein Herr in Seemannsuniform entschuldigt sich bei Sue und schenkt ihr zehn Pfund.
> Kurz darauf landen die Freunde mit ihrem fliegenden Teppich direkt neben Sue.
> Im Antiquitätengeschäft gibt es einen Streit zwischen Mr van Heynsbergen und Mr Miller.
> Die Polizei kommt mit zwei Streifenwagen. Inspektor Boyle steigt aus.
> Die Polizei findet alle drei Masken in Mr van Heynsbergens Geschäft.
> Es wird klar, dass Inspektor Boyle mit den Dieben zusammengearbeitet hat.
> Er wird verhaftet.
> Roger Ghastly taucht auf. Er hat die Truhe im Keller gefunden und zündet sie an.
> Foggy eilt als Erster hinab und löscht das Feuer.

5. Was erfährst du in diesem Kapitel über Inspector Boyle?
Was meinst du, wie geht es mit ihm weiter? Schreibe es auf.

6. Wie verdrehen die Kinder den Ablauf der Ereignisse vor ihren Eltern?
Fertige eine Tabelle an. Schreibe links hinein, wie es tatsächlich abgelaufen ist, und rechts, wie die Kinder das Geschehen erzählen.

Was wirklich geschah	**Was Michael und Sue erzählen**

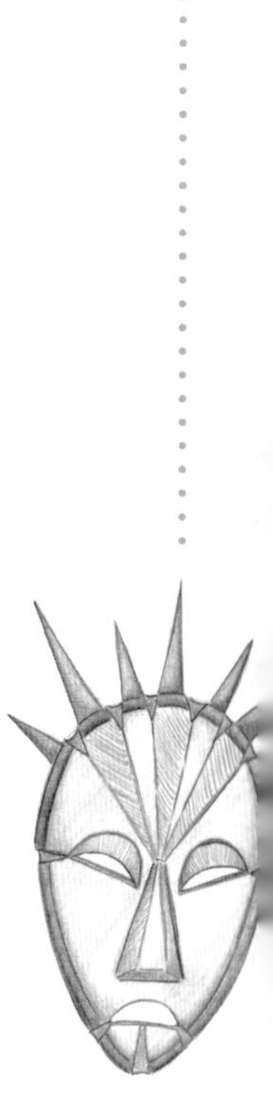

BVK LP158 • Stefan Schwinn: Begleitmaterial zu „GHOSTKIDS – Spuk in London“

Name: ______________________________ Datum: ______________

LIES KAPITEL 24 UND 25.

Abschied / Die Entscheidung (1)

1. Die Menschenkinder verabschieden sich von den Geistern. Wie fühlen sich die Kinder, als sie die Truhe öffnen und die Geister tatsächlich verschwunden sind?

____

2. Einige Tage später erhält Michaels und Sues Grandpa seine Maske zurück. Was hat die Polizei noch gefunden? Ergänze.
   In einem Mülleimer hinter dem Antiquitätenladen fand die Polizei sogar

____ .

3. Auch Mr Paxton kommt vorbei und bedankt sich bei den Kindern. Wie? Male an.

Er schenkt den Kindern 50 Pfund.
Er gibt den Kindern einen Gutschein für Hamleys.
Er lädt die Kinder zu einem Eis ein.

4. Was meinst du, wie sich die Geister zu Beginn des letzten Kapitels fühlen, als sie auf ihre Lehrerinnen und Lehrer treffen? Sprich mit einem Partner darüber.

5. Der Direktor zählt alle Verstöße auf, die die Geisterkinder begangen haben. Doch halt, ein Vergehen passt nicht zu Tacitus, Foggy, Hazy und Billy. Kreuze es an.

- ☐ Bruch der elementaren Goldenen Regeln
- ☐ leichtfertiger Verlust eines Transporters
- ☐ Zusammenarbeit mit Menschen
- ☐ illegales Betreten der Akademie
- ☐ unerlaubtes Spuken in einem Spielzeugladen
- ☐ Diebstahl eines Spezialtransporters samt geheimem Handbuch
- ☐ illegaler Transfer in die Menschenwelt
- ☐ verbotene Rundflüge mit Menschenkindern

© Ebd., S. 144

Name: ______________________ Datum: ______________

LIES KAPITEL 24 UND 25.

Abschied / Die Entscheidung (2)

6. Swivelly Antisepticus verlässt wütend das Büro des Direktors.
   Erkläre, wieso sie sich so aufregt.

   ____

   ____

7. Professor Wise ernennt Hazy, Tacitus und Foggy zu einem

   ____ .

8. Findest du es richtig, dass die Geister nicht bestraft, sondern belohnt werden? Sind es auch für dich Helden? Was sagst du dazu, dass auch Billy ein Ghostkid wird? Begründe deine Meinung. Schreibe in dein Heft.

Zusatzaufgabe:
Auf Seite 142 erfährst du, dass ein Artikel über die Kinder und ihre Nachforschungen zu den gestohlenen Masken mit einem großen Foto von Michael, Sue und Sam in der Tageszeitung erschien. Verfasse diesen Artikel.

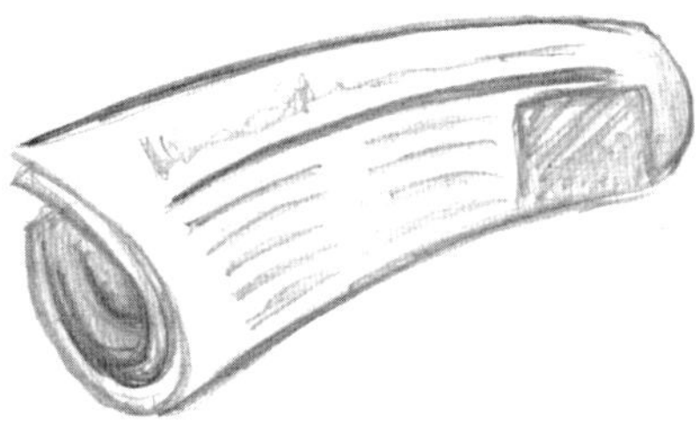

Diese Ideen können dir helfen:

a) Mache dir zunächst Notizen.
b) Berichte über die Jagd der Kinder nach den Dieben. Wie kamen sie ihnen überhaupt auf die Spur? Erinnerst du dich noch?
c) Wähle eine Überschrift, die Lust aufs Lesen deines Artikels macht.
d) Zeichne ein Bild dazu.

BVK LP158 • Stefan Schwinn: Begleitmaterial zu „GHOSTKIDS – Spuk in London"

Name: ______________________________ Datum: ______________

Nach der Lektüre: Ein Steckbrief für meine Lieblingsfigur

Schreibe einen Steckbrief zu deiner Lieblingsfigur.
Beachte dabei folgende Punkte:

- biografische Angaben (Name, Familie, Wohnort)
- Aussehen
- Was macht diese Figur besonders (Eigenschaften und Fähigkeiten)?
- Warum ist diese Figur wichtig für die Geschichte?
- Was gefällt dir am besten an dieser Figur?

Meine Lieblingsstelle

In welchem Kapitel des Buches befindet sich deine Lieblingsstelle?
Erkläre kurz, warum dir diese Stelle so gut gefällt!
Zeichne ein Bild oder eine Bildergeschichte zu deiner Lieblingsstelle.

____

____

____

Eine neue Geschichte

Gibt es eine Stelle im Buch, die du verändern oder ergänzen möchtest? Dann leg los! Lass deiner Fantasie freien Lauf und erzähle den Teil des Abenteuers neu!

BVK LP158 • Stefan Schwinn: Begleitmaterial zu „GHOSTKIDS – Spuk in London“

Name: ______________________ Datum: ______________

Nach der Lektüre – Buchkritik

Fülle die Buchkritik aus. Besprecht eure Ergebnisse in der Klasse.

Titel: ______________________

Autor: ______________________

Illustratorin: ______________________

Kapitel: ______________________

Seitenzahl: ______________________

Worum geht es in dem Buch? ______________________

____

Wer sind die Hauptfiguren des Buches? ______________________

____

Woran erkennst du das? ______________________

____

____

Was hat dir an dem Buch gefallen? ______________________

____

Was hat dir an dem Buch nicht gefallen? ______________________

____

Insgesamt finde ich das Buch ______________________ , weil

____

____

Name: ______________________ Datum: ______________

Nach der Lektüre – Funny names?

Du kennst nun das gesamte Buch. Sicherlich ist dir aufgefallen, dass die Figuren darin ganz besondere Namen haben.

1. Finde etwas über die Namen der Figuren heraus und verbinde sie mit den richtigen Bedeutungen. Nimm ein Wörterbuch für Englisch zu Hilfe oder suche die Übersetzungen im Internet.

Hazy	wirr
McMazy (mazy)	Sumpf
Foggy	Zweig, Bohnenstange (sehr dünne Person)
Bog	weise, klug
Breeze	schrecklich, grässlich, entsetzlich
Twiggs (twig)	diesig, dunstig
Ghastly	Brise, Lüftchen
Wise	neblig
Flask	Flakon, Glasbehälter, Thermosflasche

2. Jetzt kennst du die Bedeutung der Namen. Welche Namen passen gut zu den Personen? Besprich dich mit einem Partner.

   Beispiel: Professor Wise ist der Direktor der Akademie. Wise bedeutet weise. Ich finde, der Name passt gut/passt nicht gut zu ihm, weil …

Zusatzaufgaben:

1. **Tacitus** ist ein lateinischer Name. Was bedeutet er?
   Tipp: Schaue in einem Wörterbuch für Latein nach.
2. **Antisepticus** erinnert an „antiseptisch“. Das Wort stammt aus dem Griechischen. Findest du auch die Bedeutung dieses Namens heraus?

BVK LP158 • Stefan Schwinn: Begleitmaterial zu „GHOSTKIDS – Spuk in London“

Name: ______________________ Datum: ______________

Mit dem Boot über die Themse – Lesespur (1)

Die Themse schlängelt sich zwischen den berühmtesten Sehenswürdigkeiten Londons hindurch nach Osten, wo sie in die Nordsee mündet. Komm an Bord und begib dich auf eine Tour über die Themse und durch Westminster. Wenn du der Spur richtig folgst und die Zahlen mit den richtigen Bildern verbindest, ergeben die Buchstaben an den Fotos am Ende den Namen einer berühmten Persönlichkeit. Was weißt du über sie? Schreibe auf die Linien.

(1) Los geht's am Anleger ganz in der Nähe der **Tower Bridge.** Seit 1894 wartet sie an dieser Stelle auf Besucher, die von einem Ufer ans andere gelangen möchten. Tausende Autos und noch mehr Fußgänger überqueren sie täglich. Die **Tower Bridge** ist 244 Meter lang, ihre mächtigen Brückentürme sind 65 Meter hoch. Sie ist eines der berühmtesten Wahrzeichen Londons. Ihre Metallteile sind in den britischen Nationalfarben lackiert: Rot, Weiß und Blau. Wenn sehr große Schiffe ankommen, kann die Brücke hochgeklappt werden. Das ist für unser Boot allerdings nicht nötig.

(2) Kurz nach dem **London Eye** liegt rechts hinter der **Westminster Bridge** das englische Parlamentsgebäude im ehemaligen Palast von Westminster. Der berühmteste Teil dieser sogenannten **Houses of Parliament** ist sicher der Turm, der nach seiner bekanntesten Glocke **Big Ben** genannt wird. Big Ben ist die schwerste der fünf Glocken des Turmes und wiegt 13,5 Tonnen. Wow! Wir gehen von Bord und laufen zu Fuß Richtung Süden.

(3) Kaum sind wir unter der **Tower Bridge** hindurchgerauscht, erblicken wir am rechten Ufer den **Tower of London,** eine jahrhundertealte Festung. Früher wohnten die englischen Könige hier, doch berühmt wurde der **Tower** als Gefängnis. Heute kann man dort die Kronjuwelen besichtigen. Die Wächter in ihren roten Uniformen heißen Beefeater. Außer Touristen und Beefeatern sieht man in der Festung viele Raben. Das ist auch gut so, denn der Legende nach wird das Königreich untergehen, falls die Raben eines Tages den Tower verlassen sollten. Auf der Weiterfahrt schauen wir uns zunächst das nördliche Ufer an.

(4) Jetzt haben wir schon eine Menge toller Sehenswürdigkeiten erblickt, doch London hat noch viel mehr zu bieten. Deshalb gehen wir in Westminster von Bord und spazieren am Parlament vorbei zur **Westminster Abbey.** Dort werden die britischen **Königinnen und Könige** gekrönt. Und zum Stadtschloss der königlichen Familie ist es von hier aus gar nicht weit.

BVK LP158 • Stefan Schwinn: Begleitmaterial zu „GHOSTKIDS – Spuk in London“

Name: ______________________________ Datum: ________________

Mit dem Boot über die Themse – Lesespur (2)

(5) Wir nähern uns dem Anleger in Westminster. Links von uns dreht sich das riesige **London Eye** langsam im Kreis. In den Gondeln stehen Touristen und genießen die großartige Aussicht.

(6) Am nördlichen Ufer erscheint die riesige Kuppel der **St. Paul's Cathedral.** So, wie sie heute aussieht, wurde die Kirche nach 1666 neu aufgebaut. Vorher hatte ein Feuer, das in einer Bäckerei im Gässchen **Pudding Lane** ausgebrochen war, vier Fünftel (des Zentrums) Londons zerstört. Vor uns taucht nun die **Millenium Bridge** auf, eine Fußgängerbrücke, die zur Jahrtausendwende eröffnet wurde. Bevor wir sie erreichen, wenden wir unseren Blick noch kurz nach Süden.

(7) Vorbei am **St. James's Park** spazieren wir über große Straßen zum **Buckingham Palace.** An besonderen Tagen zeigt sich die **königliche Familie** auf dem Balkon des Palasts. Dann winken ihnen tausende Besucher begeistert zu. Aber auch sonst ist es immer voll vor Buckingham Palace. Denn alle Touristen möchten hier ein Foto machen.

(8) Als Nächstes fährt unser Schiff am linken Themseufer an einem runden Bau mit Strohdach vorbei. Das Gebäude sieht alt aus, es ist aber der Nachbau des **Globe Theaters,** der 1997 eröffnet wurde. Im früheren **Globe Theater** führte der berühmteste Dichter Englands, **William Shakespeare,** seine Stücke unter freiem Himmel auf.

(9) Unsere Tour endet am **Trafalgar Square,** einem großen Platz im Herzen Londons. In seiner Mitte steht auf einer hohen Säule die Statue von **Lord Nelson,** einem berühmten Kapitän und Kommandeur. 1805 siegte er in einer Seeschlacht vor Kap Trafalgar in Südspanien. Am Fuße der Säule erwarten dich vier Löwenskulpturen aus Bronze. Hier posieren Touristen gern für Fotos, manche klettern sogar auf die Rücken der Löwen. Im Norden des Platzes erblickst du ein riesiges Gebäude mit hohen Säulen vor dem Eingang. Darin ist das bekannteste Londoner Kunstmuseum untergebracht, die **National Gallery.** Dort findest du berühmte Gemälde aus aller Welt.

Lösungswort: ___ ___ ___ ___ ___ ___ ___ ___ ___

____

____

BVK LP158 • Stefan Schwinn: Begleitmaterial zu „GHOSTKIDS – Spuk in London"

Name: ____________________ Datum: ____________________

BVK LP158 • Stefan Schwinn: Begleitmaterial zu „GHOSTKIDS – Spuk in London“

Lesespurkarte

T
Buckingham Palace

H
National Gallery

L
Tower of London

I
St. Paul's

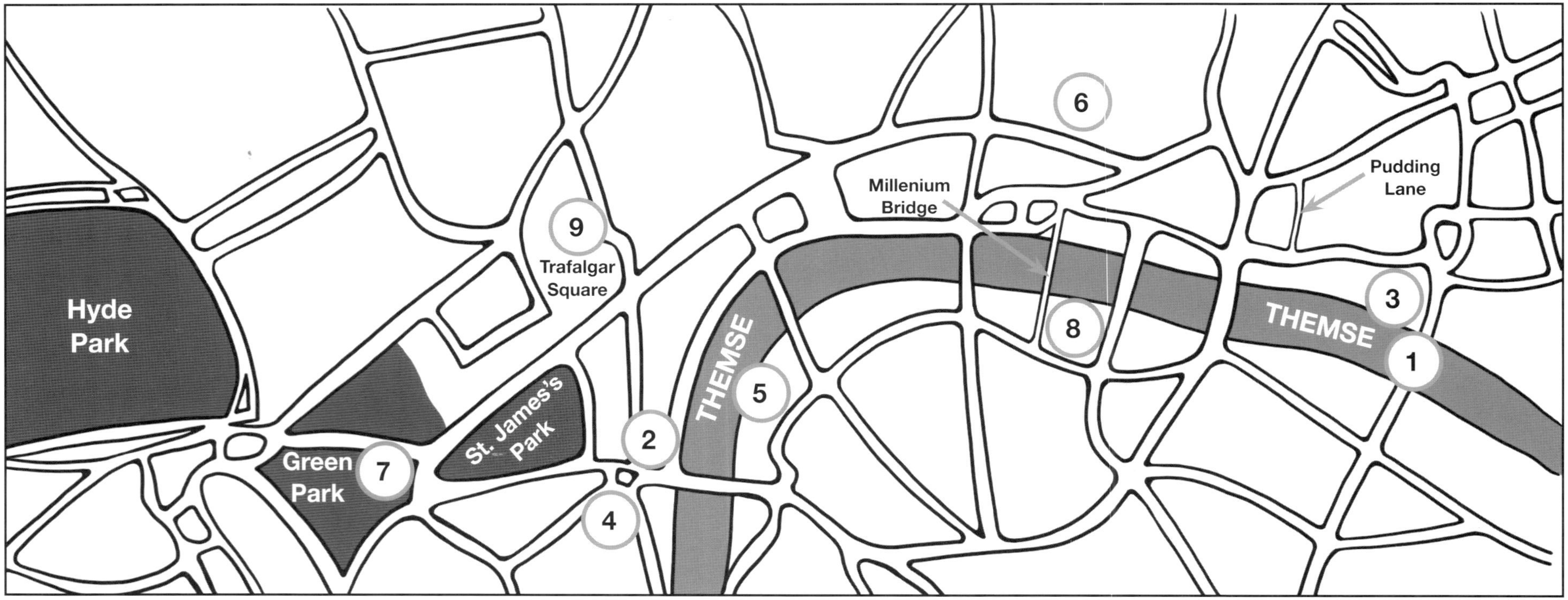

B
Parliament und Big Ben

E
Westminster Abbey

S
Globe Theater

A
London Eye

E
Tower Bridge

Name: ______________________ Datum: ____________

Willkommen bei den Ghostkids! Die Show!

Findet euch in Gruppen von 5 bis 6 Schülern zusammen. Gestaltet zusammen eine Fernsehshow mit dem Titel „Willkommen bei den Ghostkids“. Darin werdet ihr die Figuren aus dem Abenteuer interviewen.

Überlegt zunächst, wen ihr ins Studio einladen möchtet. Wählt einige Charaktere aus.

Namen: ______________________

Entscheidet dann, wer von euch als Moderator / Moderatorin auftreten wird. Schreibt anschließend für jeden Studiogast Fragen auf, die ihr ihm stellen möchtet.

Tipp:

- Überlegt, zu welchen Situationen und Ereignissen ihr die Gäste befragen möchtet.
- Fragt nach, wie euer Gast diese Momente in der Geschichte erlebt hat. Erkundigt euch nach Gefühlen.
- Notiert eure Fragen (Stichworte) auf Karteikarten.

Beispiele:
Foggy, wie hast du dich gefühlt, nachdem du auf der Party von den Würstchen probiert hattest?
Sue, was geschah auf deinem Ausflug mit Hazy durch die Londoner Geschäfte?

Wer möchte welchen Studiogast spielen? Wie würdet ihr in eurer Rolle auf die Fragen reagieren? Schreibt eure Antworten auf.

Probt eure Show, bevor ihr sie der Klasse vorspielt.
Viel Erfolg! Bestimmt gibt es tosenden Applaus im Studio!

Zusatzaufgabe:
Ihr könnt entscheiden, ob die Zuschauer am Schluss weitere Fragen an den Gast stellen dürfen.

Name: ______________________ Datum: ______________

Steckbrief Greenwich (1)

In Greenwich gibt es jede Menge zu sehen. Michael, Sam und Sue haben dir ihre Geheimtipps aufgeschrieben.

Greenwich Foot Tunnel

Sue: **Greenwich Foot Tunnel / Isle of Dogs**

Dieser Fußgängertunnel ist richtig cool. Er verbindet Greenwich mit einer Halbinsel in der Themse, der **Isle of Dogs.** Keiner weiß so genau, wieso sie diesen komischen Namen trägt, aber sie wurde schon im 16. Jahrhundert so genannt. Mir gefallen die kuppelförmigen Eingänge zum Tunnel sehr. Dann geht es hinab in eine lange Röhre, durch die man 370 Meter unter der Themse hindurchspaziert. Auf der Isle of Dogs empfehle ich dir einen Besuch auf der **Mudchute Farm.** Es gibt hier nämlich noch viel mehr Tiere als Hunde, zum Beispiel Kühe, Schweine, Esel, Schafe, Lamas oder Gänse. Ich liebe den Streichelzoo dort! Es ist kaum zu glauben, aber auf der Isle of Dogs findest du nicht nur die tolle Farm und einen schönen Park, es gibt auch riesige Wolkenkratzer. Du siehst, der Weg durch den Tunnel lohnt sich!

Greenwich Park

Sam: **Greenwich Park**

Dieser Park ist etwas ganz Besonderes! Dort kann man nicht nur toll spielen oder im Schatten der Bäume ein Eis schlecken. Denke dir nur: Ohne Greenwich Park wüsstest du gar nicht, wo genau du auf der Erde lebst! Jetzt staunst du Bauklötze, oder? Aber es stimmt. Du weißt sicher, dass man die Erdkugel in Längen- und Breitengrade unterteilen kann. Daraus entsteht ein Gitternetz, durch das man jeden beliebigen Punkt auf dem Globus genau einordnen kann. Eine Linie vom Nord- zum Südpol bezeichnet man als Längenmeridian. 1884 einigte man sich, dass der Nullmeridian über der Tür der Sternwarte **Royal Observatory** im Greenwich Park verläuft. Das heißt, hier ist der Längengrad genau Null. Und von hier aus kann man jeden Ort der Erde berechnen. So entstehen auch GPS-Daten. Du kannst auf der Nulllinie, die aus Metall in den Boden eingelassen ist, stehen. Nachts leuchtet ein Laser und zeigt sie am Himmel an. Früher galt auch die Uhrzeit, die bei uns an der Sternwarte gemessen wird, als Weltzeit. In der Sternwarte gibt es ein Planetarium mit prima Shows.
Ich hoffe, Onkel Jack lädt mich mal wieder dorthin ein! Aber auch der Blick vom Hügel mit der Sternwarte über die Themse und London lohnt sich.

BVK LP158 • Stefan Schwinn: Begleitmaterial zu „GHOSTKIDS – Spuk in London“

Name: ______________________ Datum: ______________

Steckbrief Greenwich (2)

Antiquitäten in Greenwich Market

Sam: **Greenwich Market**

Wenn mich mein Onkel Jack aus Liverpool besucht, schlendern wir immer über **Greenwich Market.** Der Markt ist eine große überdachte Fläche zwischen mehreren Straßen. Alle möglichen Stände und Geschäfte findest du hier. Onkel Jack ist ganz begeistert vom Trödel und den Antiquitäten, die hier angeboten werden. Mr van Heynsbergens Laden liegt übrigens außerhalb des Marktes. Aber der wird von der Polizei sicher bald ganz geschlossen. Ab und an findet Onkel Jack einen „Schatz", wie er sagt. Das kann dann eine uralte Langspielplatte, ein Buch oder ein alter Spiegel sein. Ich freue mich immer, wenn wir uns etwas Leckeres an den Lebensmittelständen holen und anschließend im **Greenwich Park** picknicken.

Cutty Sark

Michael: **National Maritime Museum und Old Royal Naval College**

Ich interessiere mich nicht nur für Sherlock Holmes, sondern auch für alles rund um Schiffe und Seefahrt.
Zwischen **Greenwich Park** und der Themse liegt das **National Maritime Museum.** Es ist ein riesiges Schifffahrtsmuseum.
Du erfährst dort so ziemlich alles über die Seefahrt früher und heute. Natürlich geht es besonders um die britischen Seeleute. Und da gab es einige berühmte Kapitäne und Kommandeure. Hast du schon einmal von Lord Nelson gehört? Eine Statue von ihm steht auf einer riesigen Säule auf einem Platz in London, den Millionen Touristen jährlich besuchen: dem **Trafalgar Square**. Hier im Museum findest du alles Wichtige über Lord Nelson heraus. Und Schiffsmodelle, Bilder, Flaggen, Wappen und vieles mehr kannst du dir auch ansehen. Wenn du nicht so viel Zeit hast, kannst du ja die **Cutty Sark** besichtigen. Sie ist nicht weit entfernt. Das **Old Royal Naval College** befindet sich direkt am Themseufer. Am besten schaust du es dir während einer Bootsfahrt an. Es ist ein prächtiger Bau, den Sir Christopher Wren entworfen hat – genau wie die **St. Paul's Cathedral.** Zunächst dienten die Gebäude als Krankenhaus, später wurden Marinesoldaten hier bis 1998 ausgebildet, inzwischen ist das Old Royal Naval College ein Touristenmagnet.

Name: ______________________________ Datum: ______________

Steckbrief Greenwich (3)

1. Löse das Kreuzworträtsel.
   1) Die Halbinsel in der Themse heißt ...
   2) Auf der Mudchute Farm gibt es einen ...
   3) Welche ungewöhnlichen Gebäude gibt es in der Nähe der Farm?
   4) Sams Onkel kommt aus ...
   5) Hier picknickt Sam gern mit Onkel Jack.
   6) Aus den Längen- und Breitengraden der Erde ergibt sich ein ...
   7) Wie heißt die Linie, die durch Greenwich Park verläuft?
   8) Das National Maritime Museum ist ein riesiges ...
   9) Wie heißt der berühmte Kommandeur, für den es eine Statue mitten in London gibt?

1)				10								1						
2)		9																
3)										2								
4)				3														
5)						6												
6)						4												
7)											7							
8)										8								
9)						5												

Lösungswort:
GREENWICH PARK ist berühmt für seine alte __ __ __ __ __ __ __ __ __ __ .
1 2 3 4 5 6 7 8 9 10

2. Jetzt kennst du die Geheimtipps der Kinder aus Greenwich. Suche dir zwei Dinge aus, die du dort bei einem Besuch gern unternehmen würdest. Erzähle einem Partner anschließend, wie du dich entschieden hast und begründe deine Wahl.

BVK LP158 • Stefan Schwinn: Begleitmaterial zu „GHOSTKIDS – Spuk in London“

Name: ______________________________ Datum: ______________

Der Meisterdetektiv Sherlock Holmes (1)

Hallo, hier spricht Sherlock Holmes!

Gerade hat mir mein Freund und Mitbewohner, Dr. Watson, die Tageszeitung mit einem erstaunlichen Bericht gebracht. Ich muss schon sagen, dieser Fall wäre ganz nach meinem Geschmack gewesen: ein Einbruch ins British Museum, eine unheimliche Legende um drei afrikanische Masken und ein Inspektor, der ein falsches Spiel treibt … Ich staune, wie diese Kinder geholfen haben, die Gauner zu überführen! Anscheinend haben sie fast so eine sichere Spürnase wie ich, wenn es um knifflige Fälle geht. Aber nur fast! Schließlich bin ich der berühmteste Detektiv der Welt. Hier in meinem Haus in der Londoner Baker Street, Nummer 221b, erhalte ich häufig Besuch von Leuten, die Hilfe brauchen. Immer geht es um komplizierte Rätsel und Gaunereien. Und egal, wie schwierig es auch scheint, ich komme allen Schurken auf die Schliche. Du fragst dich sicher, wie mir das gelingt. Es ist ganz einfach. Ich benutze meinen scharfen Verstand! Gemeinsam mit Watson achte ich auf jede noch so unbedeutende Kleinigkeit und füge alles zu einem Puzzle zusammen. Um ein berühmter Detektiv zu werden, braucht man Cleverness und viel Geduld. Nun ja, Inspektor Lestrade von Scotland Yard meint, manchmal sei auch ein wenig Glück dabei. Immerhin löse ich jeden Fall, weshalb ich weltberühmt bin. So ist es kein Wunder, dass ganz in der Nähe meines Hauses eine große Statue von mir vor der U-Bahn Station „Baker Street“ steht. Unten in meinem Haus gibt es inzwischen ein Sherlock Holmes Museum. Täglich gehen Touristen ein und aus, und manchmal bringen sie mir einen neuen Fall.
Ein gewisser Sir Arthur Conan Doyle hat meine spannendsten Abenteuer aufgeschrieben, und es gibt sogar Filme und Serien über mich.

„Watson, was ist denn nun schon wieder? Du störst. Siehst du nicht, dass ich gerade etwas Wichtiges notiere?“

„Ich weiß, aber ich glaube, wir haben einen neuen Fall, Holmes.“

„Da bin ich aber gespannt.“

„Es gibt Gerüchte zu der Geschichte in der Zeitung.“

„Dann nichts wie raus mit der Sprache, Watson!“

„Man munkelt, dass bei der Geschichte nicht nur Kinder, sondern auch … Geister … mit im Spiel waren.“

„Ach, Watson! Musst du mich mit solch einem Unfug von der Arbeit abhalten?! Das widerspricht jeder Logik. Geister, dass ich nicht lache. Geister gibt es nicht!“

„Wenn du meinst, Holmes. Ich fand es einen interessanten Gedanken.“

BVK LP158 • Stefan Schwinn: Begleitmaterial zu „GHOSTKIDS – Spuk in London“

Name: ______________________ Datum: ______________

Der Meisterdetektiv Sherlock Holmes (2)

Wo war ich stehengeblieben? Ach ja, die Filme über mich. Zum Glück tragen die Schauspieler fast immer meine Lieblingskleidung: ein Inverness-Cape (mit Schulterüberwurf, aber ohne Ärmel), das mich schützt, aber nicht einengt, und eine Deerstalker-Jagdmütze. Die hat einen Augen- und Nackenschirm sowie Ohrenklappen.

Das sieht witzig aus, ist aber äußerst praktisch bei jedem Wetter. Und natürlich darf meine Tabakpfeife nie fehlen.
Jetzt hast du eine Menge über mich erfahren. Falls du einmal nach London kommst, kannst du ja in der Baker Street vorbeischauen.
Oh, es klingelt an der Tür. Dieses Mal ist es sicher wirklich ein neuer Fall für Sherlock Holmes, den Meisterdetektiv!

Bereite einen kurzen Vortrag über Sherlock Holmes in London vor.

1. Markiere zunächst im Text wichtige Informationen hierzu:
   - Wo wohnt Holmes? Was ist besonders an dem Haus?
   - Wer wohnt bei Holmes?
   - Wie arbeitet er als Detektiv? / Wie löst er seine Fälle?
   - Was sind seine Lieblingskleidungsstücke?
   - Was macht Sherlock Holmes so berühmt?

2. Mache dir nun Notizen auf Karteikarten oder einem Zettel und bereite deinen Vortrag vor.

3. Stellt euch eure Ergebnisse in Partnerarbeit vor. Achtet darauf, was euch am Vortrag des Partners gut gefällt. Hat der Partner andere Ideen als du gehabt?

Zusatzaufgabe:
Zeichne den Meisterdetektiv mit Inverness-Mantel, Deerstalker-Mütze und Tabakpfeife.

BVK LP158 • Stefan Schwinn: Begleitmaterial zu „GHOSTKIDS – Spuk in London“

Name: ____________________ Datum: ____________

Halloween words

1. Match the Halloween words with the right pictures.

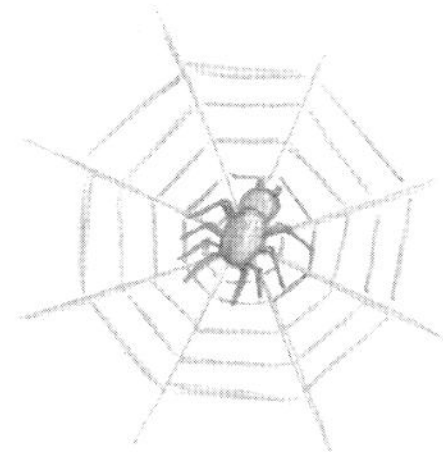

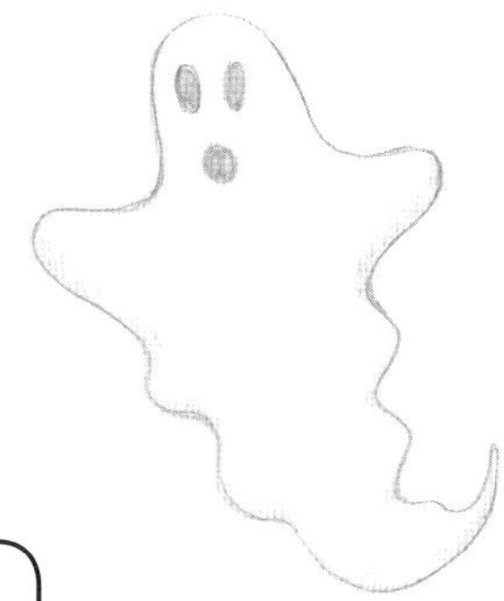

skeleton

witch

bat

cobweb with spider

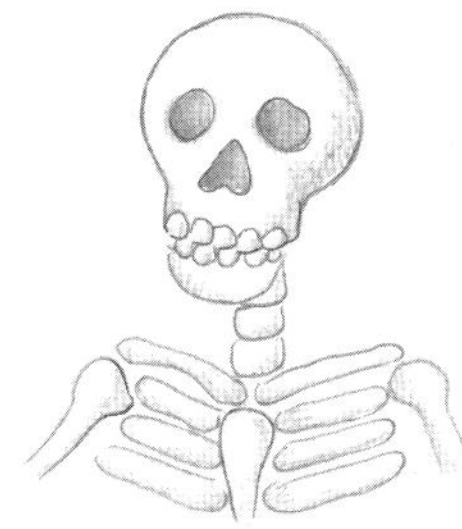

a wizard's hat

fireworks

vampire

pumpkin

ghost

2. Put the letters of the scrambled Halloween words into the correct order.
   Write the words on the lines.

t g o s h

____

n o e l t e s k

____

c t h i w

____

z i w r a d

____

k u p n i m p

____

BVK LP158 • Stefan Schwinn: Begleitmaterial zu „GHOSTKIDS – Spuk in London“

Name: ______________________ Datum: ______________

Tilda, the witch

Read the text about Tilda and Stella. Cross out the wrong words.

Hello!

My name is Tilda. I'm 9 years old. I'm a witch and I live in a tree house / cobweb. That's great! I have a long cloak / scarf and a steeple hat / mouse on my head. I love flying on my broomstick / bike.

My best friend is Stella, the black rabbit / cat. When Stella comes to my tree house, I read stories to her. Stories with witches and wizards! I have lots of CDs / books with scary stories. The best stories are Halloween stories. And on Halloween Stella and I have a great party with our friends.

BVK LP158 • Stefan Schwinn: Begleitmaterial zu „GHOSTKIDS – Spuk in London"

Name: ______________________________ Datum: ______________

At the Halloween party – Let's play dominoes!

START	A witch is flying on her broomstick.		A vampire is sitting on a pumpkin.
	A spider is sleeping in its cobweb.	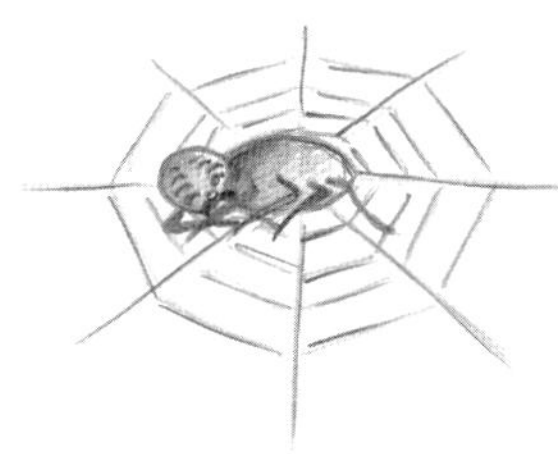	Three pumpkins are watching the fireworks.
	A skeleton is dancing with a ghost.	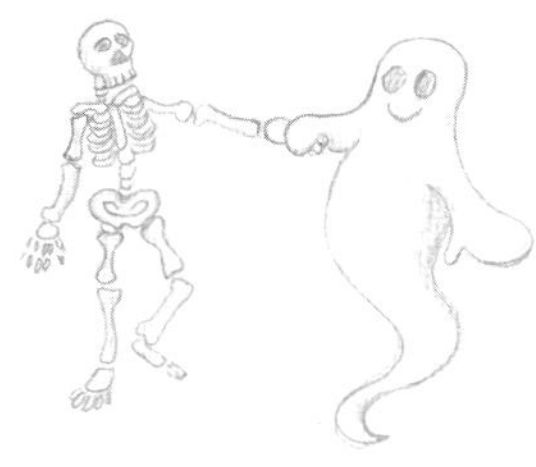	Two little witches are eating ice-cream.
	A bat is flying around.		A ghost is listening to music.
	A wizard is doing some tricks.		A vampire is showing his teeth.
	A skeleton is reading a ghost story.		**END**

BVK LP158 • Stefan Schwinn: Begleitmaterial zu „GHOSTKIDS – Spuk in London“

Name: ______________________________ Datum: ______________

At the British Museum

Sue is waiting for her brother and his friend at the entrance. Help Sam and Michael find her. Work with a partner. Draw the ways. One explains the way for Michael and the other one for Sam.

Use:

- Turn right.
- Turn left.
- Go straight forward.

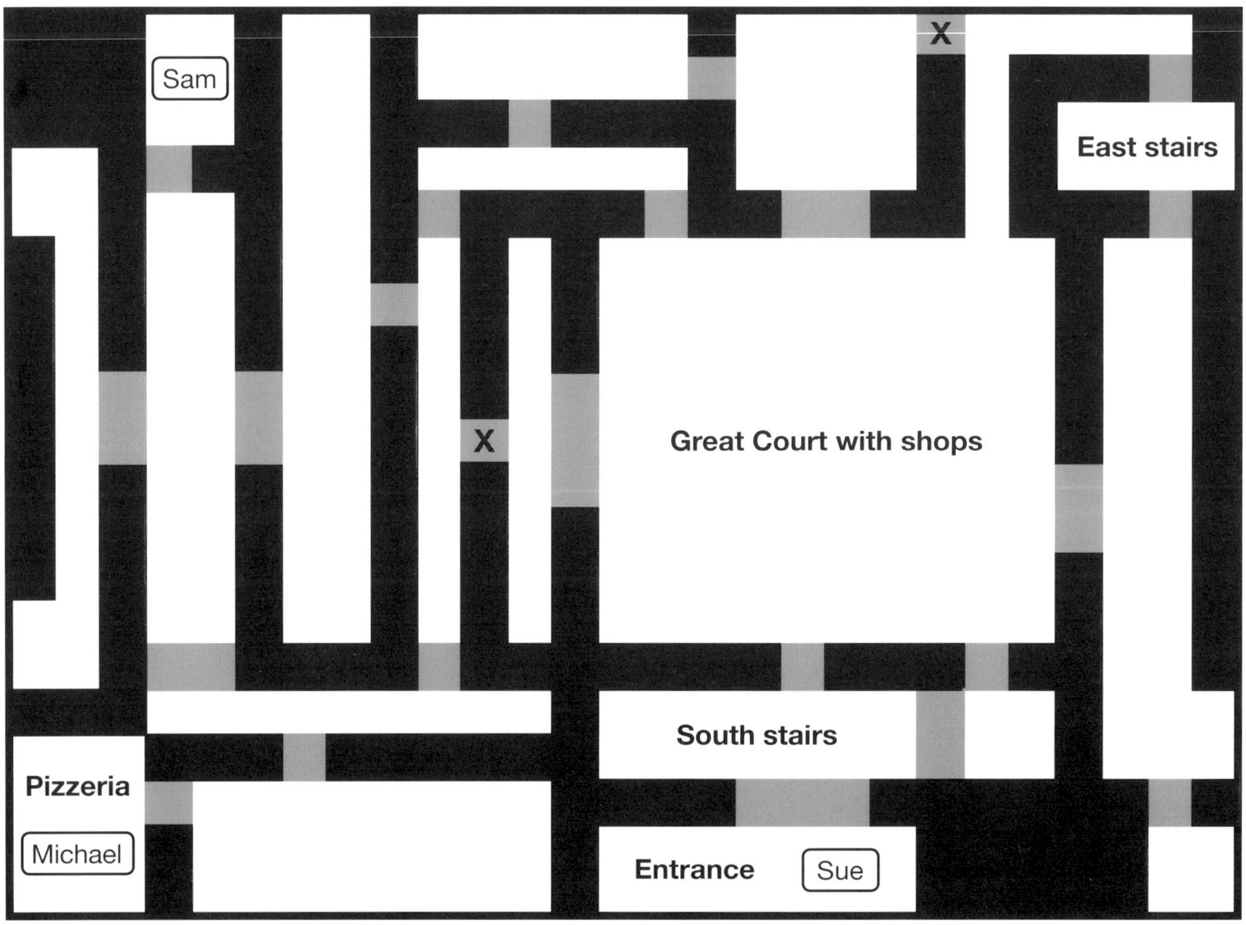

■ = wall

= door

X = locked door

□ = room

Name: ______________________ Datum: ____________

From Cambridge to London King's Cross

At Greenwich station. Partner 1 wants to buy a ticket to London. Partner 2 is the assistant. Complete the dialogue with sentences from the box and act it out with a partner.

- Yes, of course. One ticket from Cambridge to London. That's £ 15.
- And here is your ticket and £ 5 change.
- When does the train get to London?
- How can I help you?
- Thank you very much. Bye!

A: Assistant / C: Customer

A: Good morning! ______________________

C: When is the next train to London?

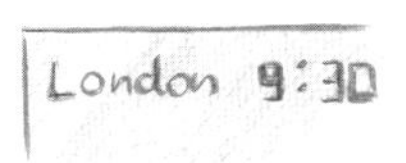

A: The next train to London King's Cross leaves at 9:30.

C: That's fine. Can I have one ticket please?

A: ______________________

____

____

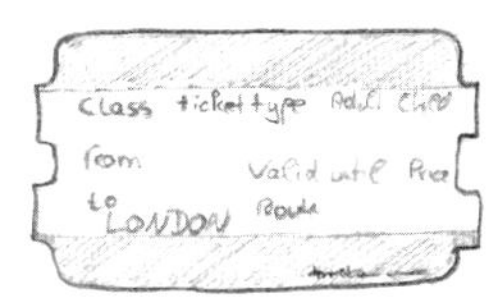

C: Alright. I've got £ 20. Here you are.
(gives the money to the assistant)

A: ______________________
(gives the ticket and the change to the customer)

C: Thank you very much. I have one more question. ______________________

____

A: It gets to London King's Cross in 45 minutes.

C: That's quick. But how can I get from London King's Cross to Greenwich? I want to see the Cutty Sark and walk in Greenwich Park.

A: That's no problem. You take the underground and a train. Just ask at London King's Cross station.

C: ______________________

A: You're welcome. Bye.

BVK LP158 • Stefan Schwinn: Begleitmaterial zu „GHOSTKIDS – Spuk in London"

Name: ______________________________ Datum: ______________

Welcome to Foggy's takeaway restaurant! (1)

MENU

Main courses

A slice of mushroom or salami pizza	£ 3
A cheeseburger and chips	£ 4
Hot dogs and salad	£ 4
Fish fingers with mashed potatoes	£ 4
A vegetable soup	£ 3

Desserts

A vanilla, chocolate, or strawberry ice cream	£ 2
A piece of banana cake	£ 2
A piece of chocolate cake	£ 2
A fruit salad	£ 2
A cupcake	£ 1
A jelly with custard	£ 1

Drinks

An orange juice	£ 1
An apple juice	£ 1
A glass of cola	£ 1
A glass of water	£ 1

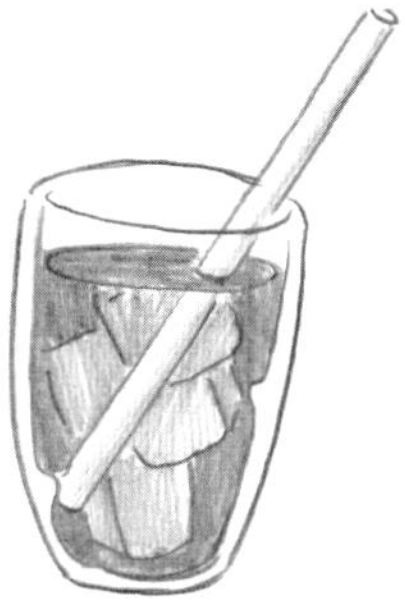

1. Read Foggy's menu. Tick (✓) your favourite food and drink.

BVK LP158 • Stefan Schwinn: Begleitmaterial zu „GHOSTKIDS – Spuk in London"

Name: ______________________ Datum: ______________

Welcome to Foggy's takeaway restaurant! (2)

2. ★ a) Choose your favourite food and cross out what you do not want. Then act out the dialogue with a partner.

Assistant: Hello, what would you like?
You: Hello. Can I have a slice of salami pizza / a cheeseburger and chips / a vegetable soup, please?
Assistant: Anything else? Would you like a dessert?
You: Yes, I would. Can I have a strawberry ice cream / a cupcake / a piece of chocolate cake, please?
Assistant: Okay. And would you like a drink?
You: Of course. Can I have an apple juice / an orange juice / a glass of cola / a glass of water, please?
Assistant: Okay. So that's £ ____________ , please.
You: Here you are.
Assistant: Thank you very much. And here's your food. Enjoy it!
You: Thank you very much, bye.
Assistant: Bye.

★ ★ b) Complete the dialogue with your favourite food and drink. Act it out with a partner.

Assistant: Hello, what would you like?

You: Hello. Can I have ______________________________ , please?

Assistant: Anything else? Would you like a dessert?

You: Yes, I would. Can I have ______________________________ , please?

Assistant: Okay. And would you like a drink?

You: Of course. Can I have ______________________________ , please?

Assistant: Okay. So that's £ ____________ , please.

You: Here you are.

Assistant: Thank you very much. And here's your food. Enjoy it!

You: Thank you very much, bye.

Assistant: Bye.

Name: ______________________ Datum: ______________

Insomnia's fashion show! (1)

1. This is Insomnia's favourite outfit. Read the speech bubble and colour Insomnia's clothes.

Hello!
Let me show you my
favourite summer outfit.
Today I'm wearing
a long dress. It's **red** with
many big **white dots.**
And I'm wearing **brown** sandals.
Aren't they lovely?
There is a **blue** scarf
around my neck.
My sunglasses are really cool.
And my big **beige** hat
is fantastic in the sun.
This outfit is perfect for
a sunny day in summer.
Do you like it?

2. Wordbank

clothes 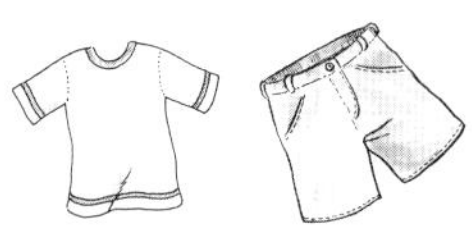	**accessories** 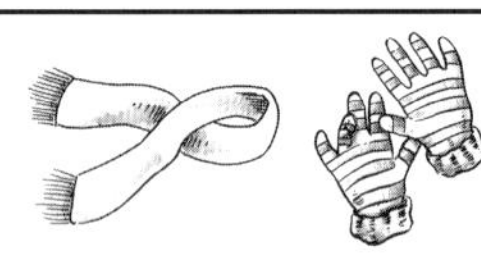
T-shirt – shirt – blouse – a pair of trousers – a pair of jeans – skirt – dress – pullover – sweatshirt – jacket – cardigan – coat – socks – swimsuit – swimming trunks – a pair of pyjamas – shoes – boots – trainers – flip-flops – sandals	cap – hat – gloves – scarf – glasses / sunglasses – belt – watch – necklace – ring – bracelet – handbag

BVK LP158 • Stefan Schwinn: Begleitmaterial zu „GHOSTKIDS – Spuk in London“

Name: ______________________ Datum: ____________

Insomnia's fashion show! (2)

3. What's in this season? Insomnia's fashion tips:

girls	boys
• cool pink sunglasses • blue sandals • colourful t-shirts and blouses • black jeans • big belts	• cool caps • black boots or trainers • white t-shirts with funny logos • blue jeans

And what are your fashion tips? Let's have a fashion show!
Choose a great outfit for your models. Draw their clothes and present your models to your partner and class.

Example: My model's name is Paula. She's wearing a white T-shirt with a yellow smiley on it. She is wearing a pair of blue jeans and a black belt. She has got white trainers and a pair of sunglasses.

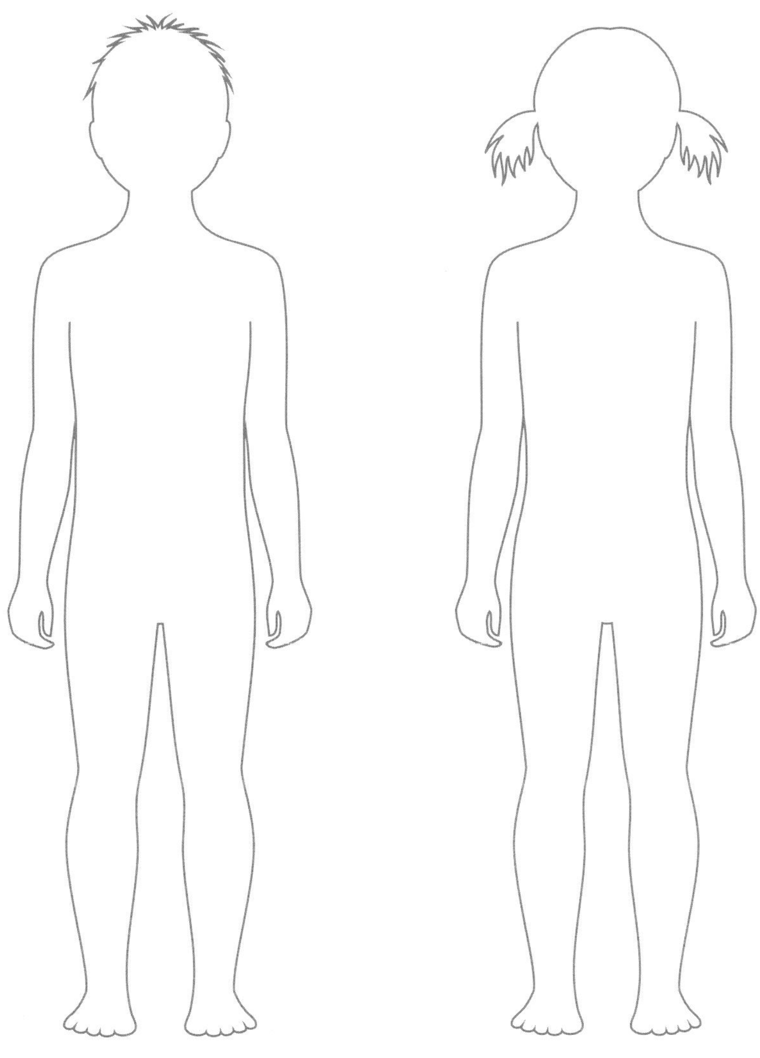

Name: ______________________ Datum: ______________

Find the pairs!

	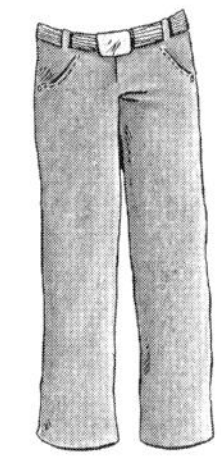		
		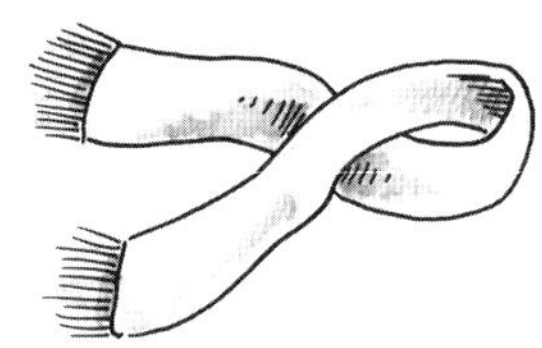	
		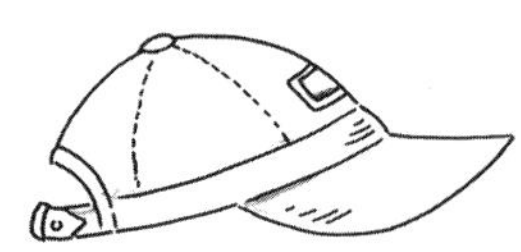	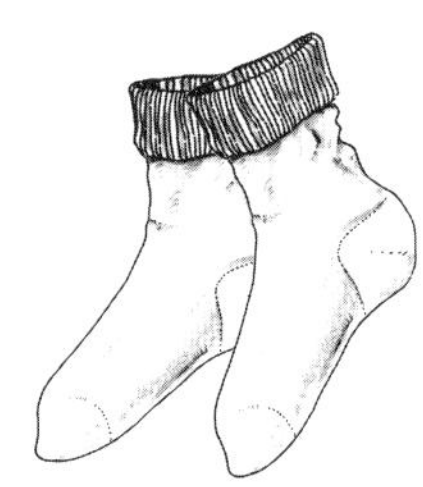
shorts	**jeans**	**dress**	**coat**
pullover	**skirt**	**scarf**	**shoes**
T-shirt	**gloves**	**cap**	**socks**

BVK LP158 • Stefan Schwinn: Begleitmaterial zu „GHOSTKIDS – Spuk in London“

Name: ______________________________ Datum: ______________

Tacitus: My home (1)

1. Match the numbers with the correct rooms.

1		living room
2		kitchen
3		bathroom
4		parents' bedroom
5		Tacitus' room

Name: ______________________________ Datum: ______________

Tacitus: My home (2)

2. Read the texts. Which room is it? Write down the names.

My parents sleep here. There is nothing special in this room. Just a bed, a wardrobe, a mirror and a carpet.

____

This is Foggy's favourite room. We cook and eat here. My box of chocolates is on the table. Yummy!

____

In this room I have a shower every morning. Here I get dressed and I style my hair in front of the old mirror.

____

This room is my room, and it's fantastic! It's in the attic under the roof. I have a big bed, a sofa and cupboards full of games and books. There is a big picture of Cambridge Ghost Academy, too. And on the floor, there is Dad's old magic carpet. It's top secret, wow! At night I can look at the moon and the stars through my window. Sometimes I can see an old bat … or is it a vampire?

____

We talk, read, sing, listen to music and play in this room. Mum loves the big sofa. Dad has all his favourite books about ghosts in this room.

____

3. Tacitus' tree house
In the garden Tacitus has got a tree house. He loves to play in it with his friends Foggy, Hazy and Billy. Draw a picture of his tree house and label it.
You can use these words:

window	sofa	carpet	games
lamp	ball	door	costumes

BVK LP158 • Stefan Schwinn: Begleitmaterial zu „GHOSTKIDS – Spuk in London“

Name: ______________________________ Datum: ______________

Tacitus: My home (3)

4. My ghost's home

a) Create a home for a ghost. Tick (✓) what the ghost's home has got.

a kitchen	
a bathroom	
a bedroom	
a living room	
a dark cellar	
a party room	
a garden with a swimming pool	

b) Draw your ghost's house.

c) Talk or write about your ghost's home.

Example:

My ghost has got a big house and a garden.
In the house there is a green living room and a yellow kitchen.
In the living room my ghost has got a red sofa, a lamp, a TV and a table.
In the sleeping room there is a creaky wardrobe.

Name: ______________________ Datum: ______________

Where is Hazy?

Fill in the right prepositions.

under – in front of – between – next to – behind – on – in

Hazy is ______________________ the door.

Hazy is ______________________ the table.

Hazy is ______________________ the wall and the chair.

Hazy is ______________________ the wardrobe.

Hazy is ______________________ the chair.

Hazy is ______________________ the window.

Hazy is ______________________ the curtain.

BVK LP158 • Stefan Schwinn: Begleitmaterial zu „GHOSTKIDS – Spuk in London“

Lösungen

zu S. 6 / 7:

1. Hazy = Poltergeist, Wise = Direktor, Foggy = Sumpfgeist, Tacitus = Hausgeist, Flask = Flaschengeisterei und Transportzauber
2. a) Die Aussagen 1, 4, 6 und 7 stimmen.
   b) Wald = Park, blauen = roten, Polterwettbewerb = Kostümwettbewerb
5. Satz 2 ist richtig.

zu S. 8 / 9:

2. siehe Seite 33 im Buch
3. Hazy, S. 26 / Prof. Flask, S. 27 / Tacitus, S. 29 / Foggy, S. 29 / Prof. Flask, S. 30 / Tacitus, S. 32
4. wegen eines früheren Sonnenbrands / alle möglichen Wasserhähne / Wäsche- und Waffentruhen, Flaschen, Gefäße, Behälter, Teppiche, Wasserleitungen / Hazy möchte mit im Zimmer der Jungen schlafen. / Billy Breeze

zu S. 10 / 11:

1. Häuschen – Michael – Mum – geputzt – Spinnweben – Vampire – Kamin – Schwester
3. Cherry Tree Lane 22 / Sue / 19 Uhr / Man muss immer denselben Transporter für Hin- und Rückweg verwenden.
4. Hexe = Sue, Kürbis = Richard, Dracula = Michael, Skelett = Dave, Gespenst = Phil, Geisterpirat = Christopher, Magier = Sam
5. Bücher, CDs, Lego®, Torte
6. wie der Schleudergang eines Waschmaschinenprogramms

zu S. 12 / 13:

1. **Lösungswort:** HAZY
2. 1 und 3 sind wirklich passiert.

zu S. 14 / 15:

1. 5, 9, 1, 7, 4, 3, 8, 6, 2
3. Als die Kinder …, tauchen die Geister … / Sue hält die Geister für Landstreicher … / Tacitus, Hazy und Foggy stellen sich vor und erklären, dass sie … / Die Geister versprechen, später bei Michael … / Foggy erklärt den Kindern, dass die Geister ihnen … / Alle rasen auf den Dachboden, um nach Spuren … / Sam glaubt nicht, dass es eine … / In der Truhe befanden sich Grandpas Erinnerungen …

zu S. 16 / 17:

1. 74, 75, 77, 77, 78
3. siehe Seite 71 f.
4. falsch sind: tritt wütend gegen den Tisch / Roger Ghastly / einen Kuchen backen / Professoren / In der Akademie ist das Dach undicht
5. Roger Ghastly

Zusatzaufgabe:

Nomen: Unfug, Mission, Lächeln, Katastrophe, Gespräch, Nachrichten, Schreibtisch

Verben: putzen, beobachten, übergeben, huschen, wiederbeschaffen, betrachten, versammeln

Adjektive: fassungslos, sauber, schlecht, töricht, milde, geeignet, stolz

zu S. 18 / 19:

1. Streifenwagen, Teppich, Ohr, Holzdecke, Protokoll, Radtour, Fußspuren, Pläne
2. a) Postkarten, Muscheln, Briefe, Münzen
   b) Instrumente und Werkzeug: Fernglas, Kompass, Hammer und Meißel
3. Die Aufzeichnungen sind fehlerhaft. / Sie wurde in der Afrika-Abteilung abgeschaltet. / Weil jemand den Dieben geholfen haben muss. / afrikanische Kunstgegenstände, darunter eine Maske wie die von Grandpa / Ja, aber nur eingeschränkt. Die Afrika-Abteilung ist gesperrt.

zu S. 20 / 21:

1. siehe Seite 95 und 97
2. Spielzeuggeschäft / Gutscheine und Prospekte / Kostümabteilung / züngelnde Flämmchen / von einem Detektiv …
3 siehe Seite 100 f. / Roger Ghastly
4. Roger Ghastly ist ein Feuergeist aus einer fiesen und hitzigen Familie, er schüttelt züngelnde Flämmchen aus seinen Ärmeln. Er trägt ein pechschwarzes Gewand und hat ein rotes Gesicht.

zu S. 22 / 23:

1. über eine Ampelanlage
2. 1 a, 2 d, 3 b, 4 e, 5 c / Swivelly Antisepticus
3. Ihr geheimer Tarnkappenteppich inkl. Bedienungsanleitung wurde gestohlen.
4. S. 69 – 72, Er hat eine Touristengruppe über die Cutty Sark geführt.
5. Er arbeitet für Piet van Heynsbergen.
7. £10 000

zu S. 24:

1. Lucy
2. siehe Seite 113 f.
3. Sie nehmen Michael nicht richtig ernst und sehen keinen Grund, sofort zu handeln.

zu S. 25 / 26:

1. Bauchweh – Little Venice – Hausboot – überfallen – Maske – Verfolgung – Schrottplatz – VW-Käfer – fliegender Teppich – Gleichgewicht – eisiger
2. siehe Seite 125
4. Sue ist wütend, dass sie nicht mit nach Little Venice konnte.
   Sie macht sich auf den Weg zum Eisladen.
   Ein Mann aus einem VW-Käfer stößt Sue vor einem Antiquitätenladen um und sie stürzt aufs Knie.
   Ein Herr in Seemannsuniform entschuldigt sich bei Sue und schenkt ihr zehn Pfund.

Lösungen

Kurz darauf landen die Freunde mit ihrem fliegenden Teppich direkt neben Sue.
Im Antiquitätenladen gibt es einen Streit zwischen Mr van Heynsbergen und Mr Miller.
Die Polizei kommt mit zwei Streifenwagen. Inspektor Boyle steigt aus.
Die Polizei findet alle drei Masken in Mr van Heynsbergens Geschäft.
Es wird klar, dass Inspektor Boyle mit den Dieben zusammengearbeitet hat.
Er wird verhaftet.
Roger Ghastly taucht auf. Er hat die Truhe im Keller gefunden und zündet sie an.
Foggy eilt als Erster hinab und löscht das Feuer.

6. **Was wirklich geschah:** Michael schwindelte Bauchweh vor. Er nahm mit den Geistern die Verfolgung der Diebe auf. Billy kam hinzu. Sue war wütend auf ihren Bruder und wollte sich ein Eis kaufen. Vor dem Antiquitätenladen fuhr ein VW-Käfer vor. Ein Mann rempelte Sue um und sie stützte. Mr Miller gab ihr 10 Pfund als Entschuldigung. Mr Miller und zwei Männer gingen in den Laden und übergaben Mr van Heynsbergen die dritte Maske. Es kam zum Streit wegen des Aufruhrs draußen. Michael und die Geister landeten neben Sue. Michael rief die Polizei. Die kam und verhaftete die Männer. Auch Boyle wurde verhaftet, er steckte mit den Dieben unter einer Decke. Die Kinder flogen mit der Truhe zu Grandpas Häuschen.
   Was Michael und Sue erzählen: Michael ging es nachmittags besser und deshalb begleitete er seine Schwester zum Eisladen. Vor einem Antiquitätenladen hielt plötzlich ein Wagen und Sue wurde von einem aussteigenden Mann umgerempelt und stürzte. Sie bekam 10 Pfund als Entschuldigung von Mr Miller. Michael kam das alles zu überfallartig vor und rief die Polizei. Diese kam und verhaftete die Männer, die sich als Diebe der Masken entpuppten. Auch Boyle wurde verhaftet, er war nämlich korrupt und wusste von den Diebstählen. Mit den 10 Pfund haben Michael und Sue ein Taxi gerufen, um die schwere Truhe zu Grandpas Häuschen zu transportieren.

zu S. 27 / 28:
1. taurig, aber auch stolz
2. … die persönlichen Notizen von Grandpa.
3. Er gibt den Kindern einen Gutschein für Hamleys.
5. unerlaubtes Spuken in einem Spielzeugladen
6. Man hat ihren Schüler Roger Ghastly nicht ins Ghostkids-Team berufen, sondern Hazy, Tacitus, Foggy und Billy trotz ihrer Vergehen. Sie wollte aber, dass sie dafür bestraft werden.
7. Spiritus Academicus

zu S. 31:
1. Hazy: diesig, dunstig / McMazy: wirr / Foggy: neblig / Bog: Sumpf / Breeze: Brise, Lüftchen / Ghastly: schrecklich, grässlich, entsetzlich / Twiggs (twig): Zweig, Bohnenstange / Wise: weise, klug / Flask: Flakon, Glasbehälter, Thermosflasche

Zusatzaufgaben:
1. Tacitus: verschwiegen, schweigsam
2. Antisepticus (antiseptisch): steril, keimtötend

zu S. 32 f.:
Lösung: ELISABETH

zu S. 38:

1)	I	S	L	E		O	F		D	O	G	S						
2)	S	T	R	E	I	C	H	E	L	Z	O	O						
3)	W	O	L	K	E	N	K	R	A	T	Z	E	R					
4)	L	I	V	E	R	P	O	O	L									
5)	G	R	E	E	N	W	I	C	H		P	A	R	K				
6)	G	I	T	T	E	R	N	E	T	Z								
7)	N	U	L	L	M	E	R	I	D	I	A	N						
8)	S	C	H	I	F	F	F	A	H	R	T	S	M	U	S	E	U	M
9)	L	O	R	D		N	E	L	S	O	N							

Lösungswort: GREENWICH PARK ist berühmt für seine alte **STERNWARTE.**

zu S. 41:
2. ghost, skeleton, witch, wizard, pumpkin

zu S. 42:
falsch sind: cobweb – scarf – mouse – bike – rabbit – CDs

zu S. 45:
How can I help you? / Yes, of course. One ticket from Cambridge to London. That's £ 15. / And here is your ticket and £ 5 change. / When does the train get to London? / Thank you very much. Bye!

zu S. 51:
1. 1: Tacitus' dream room / 2: parents' bedroom / 3: bathroom / 4: kitchen / 5: living room
2. parent's bedroom / kitchen / bathroom / Tacitus' dream room / living room

zu S. 54:
Hazy is **behind** the door.
Hazy is **under** the table.
Hazy is **between** the wall and the chair.
Hazy is **in** the wardrobe.
Hazy is **on** the chair.
Hazy is **in front of** the window.
Hazy is **next to** the curtain.